Leven MET WiND Mee

Jelle Hermus

Leven met wind mee

MINDER DRAMA
IN JE LEVEN, MEER RUST
IN JE HOOFD

KOSMOS

KOSMOS
sochicken.nl
www.kosmosuitgevers.nl

Derde druk 2019

Omslagontwerp en vormgeving binnenwerk: Buro Blikgoed, Haarlem
Foto auteur: Pieter Pennings
ISBN 978 90 215 7265 9
ISBN e-book 978 90 215 7266 6
NUR 770

INHOUD

Deel 3
Leren leven met wind mee

WOORD VOORAF

Verfrommeld. En niet per definitie vrolijk. Dat is hoe ik me voel. De polder lijkt eindeloos, en ik heb er geen zin meer in. Mijn rug is bezweet, het touwtje van m'n jas slaat constant in m'n gezicht, m'n haar is pluizig als een suikerspin en ik ben niet vooruit te branden.

Tegenwind – helaas. Het was me al opgevallen hoe eenvoudig de heenweg was. Mijn fietsrit van Delft naar Rotterdam neemt normaal zo'n drie kwartier in beslag, maar vanochtend was ik er al in 31 minuten. Ik stond er niet echt bij stil – ik dacht vooral dat het kwam omdat ik lekker fit was. Maar nu weet ik hoe ik het echt voor elkaar kreeg. En met fitheid had het weinig te maken.

De terugtocht ga ik niet redden in een uur, ben ik bang. Links van me strekt Midden-Delfland zich uit. Niets meer dan een verwaarloosbaar dijkje scheidt mij van een eindeloze winderige vlakte waar de vogels zichzelf laten meezwiepen met de wind.

Wat een drama! Ik vind mezelf een beetje zielig, merk ik. En ik wil dat dit stopt. Maar dat kan niet, want ik moet eerst door deze polder heen. Er is hier niets. Geen koffiezaakjes om in te schuilen met een kalmerende haverlatte. Er zijn hier niet eens mensen om tegenaan te zeuren. Het is wat het is. Ik trap door. Want als ik maar gewoon blijf duwen, dan kom ik vanzelf wel weer tussen de bomen en gebouwen, zo redeneer ik.

Ik besluit niet langer te klagen over het zweet, over het ploegen, over de frustratie. Nee – ik ga mezelf bij elkaar rapen. *Want met zeuren bereik je niets, Jelle.* Prima – trappen dan maar, als de doorzetter die je denkt dat je bent.

En net wanneer ik daarmee wil beginnen gebeurt het: in de verte tekent zich een tegenligger af aan de horizon. Een vrouw van mijn leeftijd, zo lijkt het. En ze gaat als een speer. En voor ik het weet vliegt ze voorbij. Met een enorme tas achterop en een nog grotere glimlach op d'r gezicht.

Niet verfrommeld natuurlijk. Geen zweet. En nee, geen suikerspinnenhaar. Gewoon een gelukkige vrouw die geniet van een ritje door de polder. En hoewel we ons heel even precies op dezelfde plek bevinden, ervaren we dit moment compleet verschillend.

Ik ben aan het zwoegen tegen de elementen. En deze iets te blije dame ervaart de magie van wind mee. Wind mee maakt fietsen een stuk eenvoudiger. Je hebt alle voordelen zonder de nadelen. Je krijgt nog steeds lichaamsbeweging, je komt nog steeds vooruit en je kunt nog steeds genieten van de omgeving. En tegelijkertijd hoef je niet meteen je bezwete kleren in de was te gooien als je thuiskomt en hoef je niet bang te zijn dat er insecten vast komen te zitten in je suikerspinnenhaar.

Wind mee is precies wat je wilt. Moeite doen, maar niet te veel. Lekker genieten zonder te ploeteren.

Ik zwoeg verder richting de beschutting van de eerste dijkhuisjes. En het beeld van die glimlachende vrouw laat me niet los. Want ik weet precies hoe ze zich voelt. Het feit dat die storm in de polder momenteel het grootste probleem in mijn leven is geeft me een fijn gevoel. Ik mag vandaag dan wel flinke tegenwind ervaren – op alle andere vlakken heb ik leren leven met wind mee. En ik besluit dat ik dat belangrijker vind dan altijd wind mee hebben op de fiets.

En dat is maar goed ook, want ik heb er verrassend weinig over te zeggen.

Wat is dat, leven met wind mee? Het is precies zoals het klinkt: moeiteloos, leuk en eindeloos veel beter dan het alternatief.

Het is een leven dat overloopt van vrijheid, blijheid en betekenis. Een goed leven, zonder al te veel drama, stress en negativiteit. En als obstakels zich aandienen – zoals dat in ieder leven gebeurt – kom je er veel eenvoudiger overheen. Met dat duwtje in de rug wordt het ineens een stuk simpeler om die drempel te passeren of die heuvel te beklimmen.

Leven met wind mee is leven zoals het leven wat mij betreft hoort te zijn. Een bestaan vol dankbaarheid, plezier, speelsheid en kalmte. Met veel ruimte voor liefde, lanterfanten en doen waar je blij van wordt. Een simpel, goed en bevredigend leven dat niet steeds je haar in de war gooit.

De afgelopen vijftien jaar heb ik ontdekt op welke verrassend simpele manieren we ons kunnen openstellen voor zo'n leven. Hoe we het drama in ons leven kunnen verminderen en meer rust in ons hoofd kunnen ontwikkelen. Zonder eindeloos te zwoegen. En met dit boek wil ik je uitnodigen om ook met me mee te gaan op pad naar zo'n dramaloos leven vol kalmte en blijdschap.

In mijn vorige boek *Steeds leuker* had ik het voorrecht om tienduizenden lezers in Nederland, België en Duitsland te mogen meenemen op een praktische reis door het vormgeven van een leuker leven. Door overbodigheden te schrappen, blijdschap te cultiveren en meer betekenis te ervaren. In dit boek pakken we het anders aan. Hier gaan we niet aan de slag met onze buitenwereld. Nee – in dit boek gaan we de trammelant aan de binnenkant aanpakken. Want om een leven met wind mee te realiseren moeten we naar de bron. De plek waar vrijwel alle tegenwind en drama in ons leven worden geboren: onze gedachten.

De meeste problemen veroorzaak je zelf. Jij bent de fabrikant van je eigen drama. Daar is niets mis mee, het geldt voor ons allemaal. En het is zelfs fijn. Want het betekent dat je een hoop kunt doen om je leven steeds leuker te maken met steeds minder moeite. Beter zo dan andersom, want dan zou je altijd het slachtoffer zijn van de gebeurtenissen in je leven.

In dit boek heb ik een aantal krachtige ideeën, inzichten en oefeningen bij elkaar gebracht die je hele leven op z'n kop kunnen zetten. Ga met dit boek aan de slag, en ik kan je garanderen dat het leven nooit meer hetzelfde zal zijn.

Je zult merken dat je leven gaandeweg lichter en leuker wordt. Met minder drama en meer rust in je hoofd. Met minder negativiteit en meer blijdschap. Meer dankbaarheid, innerlijke vrijheid, ruimte om jezelf te zijn en het leven te nemen zoals het komt. Je leven is er nog steeds, en soms is het nog steeds uitdagend. Maar nu voel je dat je leeft met een zetje in de rug waardoor alles eenvoudiger wordt. Je leeft vanuit zelfliefde, zelfacceptatie en een open houding richting alles wat er op je pad komt.

Voer de stappen uit in je eigen tempo, en ontdek wat honderdduizenden mensen de afgelopen jaren samen met mij ontdekten: het leven hoeft niet zo ontzettend moeilijk en ingewikkeld te zijn. Het kan en het mag, als je wilt. Maar we gaan uitvinden waar de 'dramaknop' zich bevindt, en hoe je het volume kunt bijstellen naar een niveau dat jij prettig vindt. Een beetje drama om het leven vermakelijk te houden, maar niet zoveel dat je erin verdrinkt. Als je net als ik en de honderdduizenden *soChicken.nl*-lezers leert hoe je de tegenwind uitschakelt, ontdek je ineens hoe het leven ook kan zijn: dolle pret.

Klinkt te mooi om waar te zijn? Dat begrijp ik. Het is ook heel mooi. Maar soms zijn mooie dingen gewoon waar. Dus laten we eens kijken hoe dat zit, hoe we dit gaan aanpakken, waar je kunt beginnen en – niet onbelangrijk – hoe je ervoor zorgt dat je niet langer door het leven gaat als die bezwete Jelle, maar als die glimlachende vrouw uit de winderige polder.

DUS?

- Dus de tijd van suikerspinnenhaar waar insecten in vast komen te zitten ligt nu achter je. Hoera!
- Je leven hoeft niet zo moeilijk te zijn. Ik ga je laten zien met welke gewoonte je het dramavolume een beetje terug kunt draaien.
- We gaan onderzoeken hoe je kunt leven met wind mee. Zodat je niet zo hoeft te ploeteren, en alles iets leuker en eenvoudiger zal aanvoelen.

Haal meer uit je boek met je eigen windmachine

Wat is beter dan wind mee? Precies – storm mee. Zoveel kracht in je rug dat je vooruitvliegt met nog minder moeite. Als je graag een extra duwtje in de rug wilt hebben, log dan in op je eigen windmachine.

Je boek geeft je toegang tot een online verzameling bonustips, oefeningen en andere zaken waar je blij van wordt. Het enige wat je hoeft te doen is inloggen op:

sochicken.nl/windmachine

Superleuk. Laten we verdergaan.

Inleiding

JE NIEUWE DRAMAVRIJE KIJK OP HET LEVEN

Moet het leven alleen maar leuk zijn? Geen idee, ik denk van niet. In de eerste plaats omdat niets moet, en in de tweede plaats omdat minder leuke dingen ook onwijs waardevol zijn. Ik vond het niet 'leuk' om voor het eerst te spreken voor een groep van honderd mensen, maar het moest gebeuren als ik er ooit van wilde kunnen genieten in de toekomst. Een moeiteloos leven – een leven met wind mee – draait niet om zingend rondrennen in korte jurkjes door een heuvelachtig landschap vol madeliefjes. Maar dat het kan gebeuren is natuurlijk niet uitgesloten, ook niet voor mij.

Het is eigenlijk heel eenvoudig, maar het is *zo* eenvoudig dat we het constant over het hoofd zien. Leven met wind mee draait niet om eindeloos je best doen om moeilijke dingen te vermijden. Want dat is een strijd die je niet kunt winnen. Want hoe leuk het leven ook is, er zullen ooit moeilijke dingen gebeuren.

Redelijkerwijs zijn er natuurlijk wel dingen die je kunt doen om je leven minder moeilijk te maken en de kans op problemen te verminderen. Als je bijvoorbeeld wat spaargeld opzijzet, is de kans kleiner dat je in geldproblemen komt. Als je gezond leeft, verklein je je kans op allerlei ellendige aandoeningen. En als je goed communiceert, voorkom je veel relatieproblemen. Dus dit soort stappen wil je sowieso nemen. Maar zelfs als je elke dag investeert in je veerkracht, dan nog zal het leven moeilijk worden van tijd tot tijd. Dat is zoals het is.

Dus wat doen we eraan? Want als we niet kunnen voorkomen dat het leven uitdagend wordt, hoe kunnen we het dan toch moeiteloos maken?

Simpel: we leren het leven nemen zoals het komt. We verspillen niet langer al onze energie aan stil blijven staan in een snelstromende rivier. Nee, we blazen ons luchtbed op, gaan lekker liggen – drankje erbij, liefst met zo'n guitig parapluutje erin – en we laten de rivier het werk doen. We laten ons meestromen met het leven en verminderen onze weerstand.

Dat klinkt passief, dat weet ik. En het klinkt een beetje tuttig, dat weet ik ook. En wat ik ook weet is dat het *werkt als een tierelier*. Zodra je stopt met het wegduwen van het leven maak je alles in één klap een stuk eenvoudiger. Het meeste drama in ons leven wordt veroorzaakt door wat er vanbinnen gebeurt. Het zijn onze oordelen, overtuigingen, verwachtingen en andere gedachten die een situatie moeilijk maken. Iets is alleen vervelend als jij een mening vormt – als jij het vervelend 'vindt'. Tot die tijd is het gewoon een gebeurtenis zonder betekenis. Dat is waar het allemaal begint.

De koelkast met darmproblemen

Billy en ik hebben een koelkast die geluiden maakt alsof hij darmproblemen heeft. Het is best een mooi ding en hij is niet eens zo oud, maar zodra hij aanslaat wordt de woonkamer gevuld met geborrel en gepiep, alsof-ie last heeft van de spruiten in de groentela.

Geluid is natuurlijk niets anders dan trillende lucht. Onze oren zijn aangepast op deze trillingen, en ik zit lekker een kop koffie te drinken op de bank en mijn brein zet de trillingen om in geluid, waarna het reageert met gedachten. Gedachten over het geluid, over de koelkast en verwachtingen over hoe de situatie zou moeten zijn. Ik vind dan bijvoorbeeld dat een koelkast stil zou moeten zijn. Ik vind ook dat pruttelgeluiden vervelend zijn, wellicht omdat ik ze associeer met de geluiden die mijn darmen maken als ze van streek zijn, wat meestal geen leuke dingen voorspelt.

De gebeurtenis in de keuken sluit niet aan bij mijn verwachting en daardoor ontstaat er spanning. Die spanning zorgt voor stress, frustratie en een verslechtering van mijn humeur. Mijn aandacht wordt in mijn hoofd getrokken, in een spiraal van gedachten. Twijfels bijvoorbeeld, misschien had ik een andere koelkast moeten kopen. Irritatie, want ik genoot net van de stilte. Of machteloosheid – ik kan er niets aan veranderen.

Al die dingen gebeuren omdat de koelkast geluid maakt. Maar de koelkast heeft er natuurlijk helemaal niets mee te maken. De koelkast doet gewoon wat hij doet: koelen. Het drama zit volledig in mijn eigen hoofd.

En zo kan het de hele dag doorgaan. Van kleine naar grote tegenslagen. Verwaarloosbare irritaties en enorme ellende. Keer op keer raak je verwikkeld in een gedachtespiraal en ontstaat er spanning. En het is deze spanning die het leven moeilijk maakt. Het gevoel dat er constant dingen gebeuren die je niet wilt, en dingen niet gebeuren die je wél wilt. Waardoor je regelmatig wordt geconfronteerd met ontevredenheid en frustratie. Tegenwind dus.

En nu gaan we het hebben over scheten

Hier is een verfrissend idee: de gedachte dat het leven vol met drama hoort te zitten, vol met worsteling en ellende – dat is precies dat, een gedachte.

In werkelijkheid is je leven een aaneenschakeling van momenten. Momenten waarin dingen gebeuren waar jij gedachten over ervaart. Hoe duidelijker je dat begint te zien, des te leuker je leven wordt.

En ik wil niet klinken als een motivatiegoeroe of een hemelfietser, maar het moet gezegd worden: je gedachten bepalen je hele leven. Dat bedoel ik niet op een 'denk alleen maar positief dan wordt alles *amazing* en waait er geld naar je toe en word je een magneet voor sportauto's en

Pinterest-huiskamers en topmodellen en witte paarden en pas je voortaan in alle veel te krappe skinny jeans'-manier.

Nee. Want dat is niet hoe het werkt. Dat wist je natuurlijk al, dus ik verras je er niet mee, hoop ik. Waar ik het over wil hebben is iets veel beters. Ik wil je uitleggen waarom gedachten zijn als scheten. En waarom je beter af bent als je je dat realiseert op een dagelijkse basis.

Wat is dit voor raar boek? – Kijk, dat is dus zo'n scheet. Je kunt het heel serieus nemen, of je blijft rustig verder lezen om te zien waar dit allemaal toe leidt. En ik begrijp het als je dit boek liever weglegt, hoor. Want zoals gezegd, het zijn onze gedachten die vrijwel al het drama in ons leven veroorzaken. En vrijwel alle mensen zijn dol op drama. Drama geeft het leven kleur, het geeft je een verhaal en een goede reden om te zeuren op feestjes en partijen. En er zijn genoeg mensen die graag luisteren naar jouw drama en je de nodige aandacht schenken als je maar genoeg ellende te vertellen hebt.

Prima. Maar ik ben al mijn hele leven liefhebber van *geen drama*. Dramaloosheid maakt me blij. Vandaar dit boek. Dit boek is mijn poging om het drama te laten stoppen. Om je te helpen een raam open te zetten in je hoofd, zodat die scheten rustig kunnen ontsnappen en jij gewoon kunt genieten van je leven. Best fijn.

Je nieuwe dramavrije kijk op je leven

Ik wil je helpen bewegen richting een leven dat zich vult met een vaag gevoel van tevredenheid waar andere mensen helemaal niets van begrijpen. Ik weet dat het mensen soms van de leg brengt wanneer ik rondloop met een onbestemde glimlach. Maar het voelt wel heel fijn en het is – wanneer je anders naar je leven begint te kijken – de meest logische manier om door het leven te gaan.

Ik wil je laten kennismaken met een nieuwe levenshouding waarin je leert genieten van alles wat er op jouw pad komt. Waarin je jezelf én het drama in je leven minder serieus neemt. Waardoor er meer te lachen valt en minder te zeuren. Meer te genieten en minder te klagen. Want nee – het leven loopt vaak niet zoals je wilt. Dat is op zichzelf best grappig. En dat wat je wilt is ook maar gewoon een gedachte, een verhaal dat zichzelf heeft opgebouwd in je hoofd. Wanneer je dat duidelijk ziet, kun je zien hoe je je eigen leven ingewikkeld maakte, je eigen drama regisseerde. Dan weet je dus ook meteen hoe je ermee kunt stoppen.

Naarmate je daar beter in wordt (en ik ga je daarmee helpen), word je een beetje zoals ik. Een liefhebber van dramaloosheid. Want zonder alle ellende die we onszelf aandoen blijkt het leven ineens vrij plezierig. Dan kun je nog steeds van drama genieten zonder je erdoor te laten meeslepen. Zoals je kunt genieten van een goede film. Dan besef je ineens dat het leven veel simpeler, mooier en grappiger is dan je dacht.

En ik moet je wel waarschuwen. Want hoewel zo'n leven met wind mee lekker moeiteloos klinkt (en dat is het ook) – zul je wel wat moeite moeten doen om er terecht te komen. Niet veel moeite, maar wel voldoende om verandering teweeg te brengen. Maar maak je geen zorgen, ik ga je meenemen langs een heleboel tips en maffe ideeën die je misschien nooit eerder hebt gehoord. Of misschien wel, maar daarom praat ik af en toe over scheten. Want scheten zijn best grappig, ook al is niet altijd duidelijk waarom. Zo blijft het toch vermakelijk voor ons allemaal.

Dus wat gaan we hier doen? Ik ga je laten zien hoe je je eigen drama – je eigen tegenwind – veroorzaakt en hoe je ermee kunt stoppen. We vinden manieren om onze gedachten te bekijken vanaf een andere plek. Zodat we minder in ons hoofd gaan leven. Minder piekeren, minder stress, minder zorgen. Minder drama en ellende, en meer mindfulness, liefde, blijdschap en innerlijke rust.

Mooi spul.

Hoewel ik dit boek zo kort mogelijk heb gehouden, heb ik mijn best gedaan om het zo vol te stoppen als ik kan. Dus neem er lekker de tijd voor. Pak er een bakkie bij en ga ervoor zitten. Geen haast. Want haast is ook maar een gedachte. En ook een onlogische gedachte. Want als je je haast, vliegt je leven alleen maar sneller voorbij, en daar zijn we niet op uit – toch?

Oké leuk, en wat is het plan?

Hoe pakken we het aan? Simpel: we beginnen bij de basis en smeren deze basis vervolgens uit door ons hele leven.

In deel 1 van dit boek introduceer ik één strategische gewoonte die alles verandert. Een simpele bezigheid die ons helpt het hele leven leuker, eenvoudiger en kalmer te maken. Een beetje zoals koffie mijn hele ochtend geweldig maakt, zorgt deze gewoonte voor een boost in je persoonlijke groei en een vermindering van de problemen in je leven.

Oké, klinkt logisch. En dan?

Dan is er deel 2. In dit deel gaan we onderzoeken hoe we minder drama kunnen ervaren. We lopen samen langs verschillende veelvoorkomende obstakels, diverse manieren waarop tegenwind ontstaat in ons leven. En we gaan onderzoeken hoe we hier anders mee om kunnen gaan met behulp van onder andere onze nieuwe gewoonte.

In deel 3 gaan we vervolgens aan de slag met praktische tips. Zodat je de ideeën in het boek eenvoudig en moeiteloos kunt verweven in je leven. Ik laat je zien hoe je de weerstand omzeilt, hoe je tijd vrijmaakt voor je nieuwe gewoonte en hoe je stap voor stap vooruitkomt richting een leven met wind mee.

Dolle pret dus.

Ben je er klaar voor? Ik zal je niet langer in spanning houden. Je wilt vast weten waarom gedachten als scheten zijn en wat het nou precies inhoudt om te leven met wind mee. Goed plan, laten we eens kijken.

DUS?

- Dus onze koelkast maakt rare geluiden, mogelijk vanwege de spruiten in de groentela.
- We kunnen niet voorkomen dat het leven moeilijk wordt, maar we kunnen wel anders naar deze gebeurtenissen leren kijken.
- We gaan een strategische gewoonte ontwikkelen die we uitsmeren door ons hele leven. Daarmee gaan we de tegenwind uitschakelen.

In je eigen windmachine

Het is mijn missie om onze samenleving stap voor stap liefdevoller te maken. Wil je weten hoe dat zit? Log dan in op je eigen windmachine:

sochicken.nl/windmachine

Deel 1

Tegen-wind uitscha-kelen

Gedachten veroorzaken vrijwel alle problemen in je leven. Als we onze gedachten anders leren bekijken, dan kunnen we in één klap een heleboel tegenwind uit ons leven schrappen. Gelukkig kan één strategische gewoonte je hiermee vooruithelpen.

1

GEDACHTEN ZIJN SCHETEN

Oké, laten we eens beginnen bij het begin. Want als het klopt dat het gros van je problemen wordt veroorzaakt door gedachten – wat zijn gedachten dan? Nou, daar heb ik een heel simpel en winderig antwoord op: gedachten zijn als scheten.

Waarom scheten? Gewoon, omdat ik heb gemerkt dat er een luchtje aan zit. Bovendien zijn gedachten net zo vluchtig en ongrijpbaar. En geloof me, ik wilde dit echt serieuzer aanpakken. Bijvoorbeeld door te openen met een quote van een wijze oosterse filosoof, om de boel een beetje geloofwaardigheid mee te geven. Want als je iemand quoot met een oosterse naam dan lijkt het al snel wijs en diepzinnig. Maar het is maar hoe je het bekijkt. Ik heb geleerd dat de aarde rond is, dus uiteindelijk leef ik ook ten oosten van vrijwel iedereen op deze planeet. Dus zodoende, mijn wijsheid uit het Oosten: gedachten zijn scheten.

En weet je wat zo leuk is? Wanneer je dit inzicht echt begint te begrijpen, wordt je hele leven een stuk lichter en leuker. Want als we onze gedachten kunnen zien voor wat ze zijn dan worden onze problemen een stuk minder serieus. Sterker nog – de kans is groot dat je erom moet grinniken. Een beetje zoals je doet wanneer iemand naast je een scheet laat. Want laten we wel wezen – dat is grappig. Waarom is niet altijd duidelijk, maar scheten maken ons aan het lachen. Datzelfde kunnen je gedachten voor je doen. Dat is best fijn. Want dat betekent niet alleen dat je altijd iets te lachen hebt. Het betekent ook dat je je vrijer, blijer en veel rustiger kunt voelen. Want het zijn je gedachten die het leven zo ingewikkeld maken, niet het leven zelf.

Ik zeg altijd maar zo: het leven is een pannenkoek. Een vriendin van me zegt vaak 'het leven is geen pannenkoek', om aan te geven dat het leven niet altijd een pretje is. En ik begrijp het, maar ik vind mijn perspectief logischer. Het leven ís een pannenkoek. Juist omdat het vaak helemaal nergens op slaat. Precies hoe ik het bedoel. Het leven hoeft overigens ook niet altijd ergens op te slaan. Het zijn onze pogingen om elke gebeurtenis in een hokje te stoppen die het leven zo ingewikkeld maken.

Dus laten we eens kijken naar gedachten. Gedachten – of beter gezegd, je betrokkenheid bij gedachten – maken je leven onnodig ingewikkeld en veel minder leuk dan het zou kunnen zijn. Sterker nog – al die gedachten houden je afgeleid van het leven. Van *dat wat is*.

Dat klinkt misschien ingewikkeld. Maar we gaan er samen doorheen lopen. En ik kan je verzekeren dat je aan het eind van dit boek zult grinniken om je gedachten. Alsof iemand voor je in de rij bij de kassa een windje laat. Je zult zien dat gedachten – net als dat windje – ongrijpbaar zijn, een beetje stinken en vaak lastig te controleren zijn.

Constant denken is helemaal niet zo fijn als het lijkt

Constant denken is niet zo fijn. Dit wist je waarschijnlijk al, maar het is interessant om er eens beter naar te kijken. Want wanneer we veel denken – veel in ons hoofd leven, zogezegd – wordt het leven er niet beter op. Maar waarom niet? Stel je eens voor dat je in een klein kantoor zit met daarin vijf mensen. Er staan geen ramen open, iedereen had boerenkool-linzensoep als lunch, en het is halfvijf. Stel je eens voor hoe het in dat kantoor ruikt. Er is waarschijnlijk sprake van overdruk!

Goed. Dat klinkt vies en dat is het ook. Maar het is ongeveer hoe het er in je hoofd uitziet als je je gedachten erg serieus neemt. Wanneer je veel in je hoofd leeft, wordt het daarbinnen muf. De scheten komen, jij klampt je eraan vast en daardoor blijven ze gewoon hangen. Als stilstaande lucht. Verstikkend, beklemmend en uiterst onprettig als plek om te verblijven. En toch verblijven we daar met onze aandacht, uren per dag. In die muffe bovenkamer gevuld met gedachten, verwachtingen, oordelen, teleurstellingen, labels en andere ellende. En terwijl we ons daar bevinden, worden we omringd met een frisse en open wereld. Vol ruimte, vol frisse lucht, vol mogelijkheden. Het leven dat buiten je hoofd plaatsvindt. Maar je hebt geen idee. Want je houdt de ramen dicht en de deuren op slot.

Je hebt pas door hoe muf het daarbinnen is als je de deur openzwiept en de scheten laat ontsnappen. En dat gaan we doen. En zie dit vooral niet als een aanval op je intellect en denkvermogen, want dat is het niet. En was dat het wel, dan had het niet veel uitgemaakt. Want die ervaring van belediging is ook maar een gedachte. Maar goed, laten we eens kijken waar gedachten goed voor zijn. En welke plek ze verdienen in ons leven.

Denken als gereedschap

Ik hou niet echt van klussen. Ik ben er niet heel goed in en ik ben een van die mensen die liever achter een computer zit dan planken uitmeet en afzaagt. Maar dat neemt niet weg dat ik weleens klus. Want soms moet het gewoon gebeuren, al is het maar omdat Billy (mijn partner) het soms aan me vraagt en ik hem graag blij zie.

Als het op klussen aankomt zijn er een heleboel dingen die je moet weten. Maar voor mij is er één inzicht dat er met kop en schouders boven uitsteekt. Mijn vader bracht me deze wijsheid bij toen ik voor het eerst ging samenwonen met Billy in ons snelwegflatje in Schiedam: ‘Met het juiste gereedschap maak je de klus eenvoudiger.’

Deze wijsheid heb ik omarmd. Want als iets mijn klus eenvoudiger maakt dan wordt mijn leven automatisch beter. En dus maak ik er vaak een punt van om het juiste gereedschap te gebruiken voor de klus. En om – wanneer er meer moet gebeuren – te investeren in goed gereedschap, niet in dat halfbakken spul uit de €1-grabbelton bij de bouwmarkt.

En zo komen we weer terug bij gedachten. Want denken is een gereedschap. En het is een fantastisch gereedschap. Hoe beter je kunt denken, des te sneller je kunt werken en des te mooiere dingen je kunt maken. Denken helpt je allerlei toffe dingen voor elkaar te krijgen. Boeken schrijven, opleidingen voltooien, plannen en optimaliseren, raketten naar Mars sturen, malaria uitroeien en computergames uitspelen. Supercool.

Denken is een geweldig gereedschap om problemen mee op te lossen. Dat is waarschijnlijk de reden dat we zo dol zijn op denken. Omdat het ons ver gebracht heeft, en het ons nog steeds veel oplevert. Maar je weet hoe dat gaat – dat eerste handje M&M's maakt je heel gelukkig, maar dat wil niet zeggen dat de hele zak opeten je automatisch nóg gelukkiger maakt.

Nee. Alles heeft zijn balans. En dat is met denken niet anders. Het werkt geweldig om je doelen te realiseren, totdat het niet meer zo goed werkt. En het is de kunst om op dat moment te leren stoppen. Om het gereedschap neer te leggen, en ander gereedschap te gebruiken voor de nieuwe situatie.

Hoe gespecialiseerder het gereedschap, des te slechter het presteert als je er andere dingen mee probeert te doen. Dingen waarvoor het gereedschap niet ontworpen is. Een striptang is een voorbeeld van gespecialiseerd gereedschap. De striptang is ontworpen om elektriciteitskabels te ontdoen van het rubberen omhulsel. Het bespaart je veel tijd en gedoe als je kabels moet strippen, maar verder kun je er niets mee.

Denken – of beter: ingaan op je gedachten – is vlijmscherp gereedschap, ontworpen voor één klus: problemen oplossen. Verder is het een beetje als die striptang. Het is een waardeloos hulpmiddel wanneer je gewoon even wilt genieten van je leven, in slaap probeert te komen of simpelweg gelukkig en tevreden wilt zijn met het leven zoals het is.

Je kunt je kozijn niet schuren met een decoupeerzaag. Dat heb ik nooit uitgetest, het zijn gedachten die me tot die conclusie brachten.

Maar het is logisch. Als je het wél zou proberen dan gaat er waarschijnlijk iets kapot. Het kozijn raakt versnipperd en je zaag raakt oververhit. En ja – dat is ongeveer ook wat er gebeurt in je hoofd. Als je blijft denken – ook al zijn er nu geen problemen om op te lossen – dan raakt je gereedschap uit balans. Je brein raakt in de war (want hier is het niet in gespecialiseerd), en de klus die je probeerde te klaren (genieten van je leven) loopt in de soep omdat je het verkeerde gereedschap gebruikt.

Het is best logisch: als je klaar bent met zagen, leg je je zaag neer. Als alle spijkers erin zitten, stop je met hameren. Als alle kabels gestript zijn, gaat de striptang terug in de gereedschapskist. En als er niets meer te schuren is, test je niet plotseling je schuurmachine uit op willekeurige kozijnen, laptops en huisdieren.

Nee. Als de klus geklaard is, leg je je gereedschap neer.

En dat is dus precies wat ik suggereer: stoppen met in je hoofd leven als de noodzaak voorbij is. En wanneer je dit begint te doen, zul je zien dat de noodzaak om te denken helemaal niet zo vaak voorkomt – wat eigenlijk best verrassend is.

Maar hoe zit dat dan? Waarom is dat allemaal zo belangrijk? Want denken is toch wat slimme mensen doen? Dus dan moet het toch wel goed zijn? Je zit er niet helemaal naast. Laten we eens kijken.

Jij bent niet je gedachten

Als je een scheet hebt gelaten, is het dan nog steeds jouw scheet? Ja, de scheet is ontstaan in jouw lichaam. Maar het waren de miljarden darmbacteriën die de scheet daadwerkelijk produceerden. En zodra hij uit je lichaam is walmt hij maar een beetje rond in de lucht, toch? En al zou je die scheet opnieuw willen pakken en opsluiten, dan zou dat niet kunnen. De scheet ontstaat in jou, maar hij is niet wie jij bent.

Zoals ik al zei: gedachten zijn als scheten. Je hébt gedachten, maar die gedachten zijn niet wie jij *bent*. Ze walmen een beetje rond in je hoofd, meer niet.

En dat voelt ingewikkeld. Want we hebben vaak het idee (en ideeën zijn gedachten) dat onze gedachten niet alleen waar zijn, maar ook dat ze definiëren wie wij *zijn*. Maar dat is dus opnieuw gewoon een gedachte, net als alle andere gedachten.

Maar wat zijn gedachten dan?

Goede vraag. Laten we er even in duiken zodat het goed duidelijk wordt. Dit lijkt een klein beetje technisch, maar het wordt daarna al snel weer praktisch – geen zorgen.

Gedachten kun je zien als sensaties. Met je vijf zintuigen kun je de wereld om je heen waarnemen. Je ervaart aanraking, geur, geluid, zicht en smaak. Deze sensaties worden getriggerd door de wereld om je heen. Je loopt over het treinperron en je voelt je voeten op de grond, je hoort het geroezemoes van het station, je ziet mensen en stationsdingen, je ruikt die ondefinieerbare geur die je alleen in de buurt van treinsporen ruikt, en je proeft dat taaie stuk kauwgum in je mond dat je een kwartier geleden al had willen uitspugen.

Dat zijn de sensaties van een perron. Dat is wat de externe wereld je aanbiedt. En het is grappig – en een beetje raar – maar als je dit goed observeert kom je tot de conclusie dat je het perron nooit écht direct ervaart.

Wat ik daarmee bedoel? Nou – hier wordt het dus technisch. Dat gevoel van je voeten die de grond aanraken – dat is een elektrisch signaal dat wordt verwerkt door je brein. Het lijkt alsof je voet die aanraking voelt, maar in werkelijkheid wordt deze sensatie gemaakt door je brein. Dat geldt natuurlijk niet alleen voor aanraking. Het geldt ook voor alle andere sensaties.

Neem zicht. In werkelijkheid ervaar je voor je ogen een schouwspel van bewegende kleuren. Licht weerkaatst op een oppervlak en valt vervolgens in je ogen, waarna je ogen een elektrisch signaal naar je brein doorseinen. Je brein interpreteert dit signaal en zet het vervolgens om naar bewegende kleuren. En vervolgens probeert het er een zinvol plaatje van te maken.

Je kijkt bijvoorbeeld naar een trein. Maar wat betekent het om een trein te zien? Je ziet vormen, patronen en kleuren. En je brein herkent die patronen en plakt er een sticker op: dit is een trein. Die sticker is een gedachte, een aangeleerd concept dat je hebt overgenomen van de wereld waarin je bent opgegroeid. Dit is een trein, dus die man is de conducteur, dus wat hij uit zijn zak haalt is waarschijnlijk een fluit en geen lolly, etc.

Allemaal prima en heel fijn. Want het zou irritant zijn als het anders was. Als je kleuren en patronen zou zien in de vorm van een trein, maar vervolgens op de roltrap stapt en je afvraagt waarom je nooit op je werk komt. Onze breinen zijn leuk en handig. Ze hebben treinen mogelijk gemaakt. Maar ook chocolade, het internet en ruimteraketten. Dus laten we vooral ons brein blijven gebruiken.

Maar hoe zit het dan met gedachten? We hebben die vijf zintuigen, en die helpen ons om 'iets' te maken van de wereld om ons heen. Trillende lucht (die op zichzelf geen betekenis heeft) wordt omgezet in ons hoofd naar zinvolle woorden. Specifieke moleculen prikkelen specifieke receptoren in onze neus, waarna we (dankzij ons brein) geur ervaren. Allemaal mooi.

Is er nog meer? Ja – we hebben dus gedachten. Of beter gezegd: de sensaties van denken en voelen. En die sensaties ervaren we niet in relatie tot de buitenwereld, maar we ervaren ze in onszelf. Dat maakt ze een stuk ingewikkelder om objectief te bekijken, omdat ze zo verweven lijken met wie we zijn.

Maar dat is dus het hele punt: jij bent niet je gedachten op de manier die je denkt, net zoals je niet de geur van je scheet bent of het geluid van de trein. Gedachten komen en gaan en jij ervaart ze. Meer niet.

Jij bent datgene wat het allemaal ervaart.

En dat is best een interessant inzicht. Want gedachten veroorzaken zoals gezegd vrijwel al onze problemen. Het gepieker dat plaatsvindt wanneer we eigenlijk willen slapen, dat stemmetje in je hoofd dat je leven constant voorziet van 'ondertiteling', maar ook onze interpretatie van de gebeurtenissen in ons leven. Er gebeuren dingen, jij ervaart gedachten, en plotseling voel je je ellendig. Best raar.

En je hebt er ook nog eens geen controle over

Heb je er weleens bij stilgestaan dat je helemaal geen controle hebt over je gedachten? Misschien heb je weleens geprobeerd om je 'hoofd leeg te maken'. Dat lukt niet. Dus bekruipt je het gevoel dat je iets verkeerd doet. Maar de waarheid is heel simpel: je kunt je hoofd niet leegmaken. Je kunt gedachten niet stoppen of controleren.

Echt niet. En je kunt het eenvoudig aan jezelf bewijzen, hier en nu. Probeer maar eens een minuut nergens aan te denken – dat lukt je niet. Het lukt niet eens dertig seconden. Dat zeg ik niet om je te ontmoedigen, het is gewoon hoe het werkt. Het is alsof ik je vraag om even je hart niet te laten kloppen, dat kan niet. Na een paar seconden van niet denken komt er een *Zie je wel, het lukt me wel!* – en dat is dus een gedachte.

Gedachten kun je niet stoppen. Ze komen als ze komen, niets aan te doen. Dat is niet erg. Althans, dat weet ik eigenlijk niet. Het is wat het is. 'Erg' en 'niet erg' zijn – zoals we zullen zien – gewoon gedachten, labels die we op onze ervaringen plakken. Het is wat het is, meer niet.

Om deze reden vergelijk ik gedachten ook graag met wolken. Wolken houd je niet tegen. Ze komen aanwaaien, je kunt ze observeren, en ze waaien weer door. Meer niet. Je kunt wolken niet beetpakken, je kunt ze niet opsluiten, je kunt ze niet vertellen wat ze moeten doen. Er is ook niemand die aan het 'wolken' is, die wolken maakt en ze door de lucht doet bewegen. Ja, er is de wind – maar er is niemand aan het 'winden'. Die dingen gebeuren gewoon uit zichzelf. Wolken komen zonder dat jij er iets over te zeggen hebt, en ze gaan ook weer uit zichzelf verder.

Gedachten komen gewoon. Ook als jij een denkbeeldig 'niet denken'-bord omhooghoudt. Best gek hoe dat werkt.

Gedachten komen langs zonder van tevoren even te bellen. Dat is wat je leert wanneer je net als ik regelmatig mediteert. Ik mediteer vrijwel elke dag en leerde zo een hoop over gedachten. Het verschil tussen mediteren en 'normaal' leven, is dat je er tijdens je meditatie heel bewust voor kiest om niet op de gedachten in te gaan maar ze simpelweg te observeren.

'Minder denken' is niet wat het lijkt. Het draait niet om daadwerkelijk iets doen om minder gedachten te ervaren. Het heeft alles te maken met de gedachten simpelweg accepteren. Zie het zo: zoals je blaas urine maakt, ervaart je brein gedachten. Het gebeurt gewoon, niets aan te doen.
En dan wappert er zo'n gedachte langs die je leven niet bepaald beter maakt, zoals *Ik ben niet goed genoeg* – oké, waarvan akte. Of *Misschien moet ik minder bonen eten!* – prima, bedankt. Of *O nee, ik moet echt even vaart gaan maken met dat project want anders haal ik het niet en word ik ontslagen en heb ik geen geld en word ik mijn huis uit gezet en...* – yes, bedankt, en weer terug naar het moment.

Dat is wat meditatie is. Meer niet. Observeren en je focus steeds weer terugbrengen in het moment. Simpel, elegant en onwijs effectief. Want door dit vaker te doen begin je steeds duidelijker te zien dat die gedachten in je hoofd niet zijn wie jij bent. Dat het gewoon scheten van je brein zijn. Gewoon walmen die voorbij waaien, wolken aan de lucht. Je kunt ze niet voorkomen.

Je kunt niet voorspellen wat je volgende gedachte zal zijn. Maar je kunt er wel voor kiezen om er niet constant op in te gaan, en ze simpelweg voorbij te laten waaien.

Wolken hebben geen betekenis

Wolken zijn gewoon wolken. Maar soms zien we er betekenis in. Een wolk die op een schaap lijkt is nog steeds gewoon een betekenisvrije wolk. Maar dan eentje die wij het label 'schaap' meegeven. Het kan de wolk niets schelen natuurlijk. De wolk komt en gaat, of je hem nu schaap of pantoffeldiertje noemt – het is om het even.

De wolken drijven rond in de blauwe lucht. Maar soms is het zo bewolkt dat de blauwe lucht niet langer zichtbaar is. Zo is het soms ook in je hoofd. Dan ben je zó verzonken in gedachten dat het lijkt alsof de blauwe lucht verdwenen is. Maar de blauwe lucht is er altijd. Geduldig aanwezig in de achtergrond. Ongeroerd, altijd hetzelfde, ongeacht de wolken die erin ronddrijven.

De blauwe lucht – die stille, stabiele, onveranderlijke basis – dat is wie je daadwerkelijk bent. Dat is de waarnemer van alle sensaties – van treinen tot misselijkheid na overmatige chocoladeconsumptie. Niet die wolken. Niet al die gedachten die je hebt over jezelf, over anderen, over de wereld. Dat zijn gewoon scheten. Niet goed of slecht, maar ook niet per se waar of iets wat je heel serieus hoeft te nemen. Ze zijn er gewoon, meer niet.

Dat is dus waar we hier naartoe werken. Als je minder drama wilt ervaren en meer rust in je hoofd wilt ontwikkelen dan is het belangrijk dat je stopt met je schetenobsessie. Dat je je gedachten gewoon laat komen en gaan, zonder er zoveel waarde aan te hechten. Je wilt leren om te leven vanuit die stille, kalme basis vanwaaruit je rustig kunt bekijken wat er allemaal gebeurt.

En om daarmee te beginnen, stel ik voor dat we starten met het openzwiepen van de ramen en aan de slag gaan. Zodat die lucht eindelijk kan ontsnappen.

DUS?

- Dus gedachten zijn als scheten. Er zit een luchtje aan, ze zijn ongrijpbaar en vaak grappig om onduidelijke reden.
- Gedachten zijn sensaties. Net als aanraking, smaak en alle andere sensaties.
- Je kunt gedachten niet controleren. Ze komen en gaan, als wolken aan de lucht.
- Jij bent niet je gedachten. Je bent de blauwe lucht die boven de wolken hangt. Stil, stabiel en altijd hetzelfde.

In je eigen windmachine

Wil je voor jezelf ontdekken wat gedachten echt zijn? Log in op je eigen windmachine voor een simpele oefening. En wees niet verbaasd als het resultaat je een beetje verbaast.

sochicken.nl/windmachine

2
HET DRAMA LEREN OBSERVEREN

Hè, bah, ik loop rond met een hoofd vol met scheten. Best vies. Klopt. Daarom is het ook slim om er iets aan te doen. Want je weet hoe dat gaat: als je een scheet laat onder je dekbed lijkt die lucht eindeloos te blijven hangen, totdat je begint te wapperen met je dekbed. Iets wat overigens bijzonder vervelend is als het erg koud is buiten de dekens, maar goed – dan had je je maar in moeten houden.

Maar je wilt dus wel beginnen met wapperen in je hoofd. Zodat er wat frisse lucht binnenkomt. Want je kunt die gedachten niet tegenhouden, maar je kunt wel een raam openzwiepen en ze de ruimte geven om ongestoord te ontsnappen uit je hoofd. En dat doe je door je gedachten te leren observeren.

Je kunt je gedachten observeren op elk moment van de dag, want er zijn vrijwel altijd gedachten. Een beetje zoals je op elk moment van de dag je spieren kunt gebruiken om een doos op te tillen, want je hebt altijd spieren. Hoe beter je je gedachten leert observeren, des te minder grip ze op je hebben en des te eenvoudiger je leven wordt.

Je ontdekt dan dat je niet kunt bepalen welke gedachten zich aandienen, maar dat je wel kunt bepalen of je je gedachten *gelooft* of niet.

Als je sterkere spieren wilt hebben dan weet je wat je te doen staat. Je spendeert een klein deel van je tijd aan het trainen van je spieren, zodat je de rest van de tijd profiteert van meer kracht.

Als je beter wilt worden in het observeren van gedachten dan is er een geweldig gereedschap dat je elke dag kunt gebruiken. Het is een gereedschap dat je een paar minuten per dag gebruikt om je concentratie en mindfulness te trainen. Zodat je je gedachten gedurende je dag beter kunt observeren. En je hoeft er geen gewicht voor op te tillen – gelukkig maar.

Wat is dit gereedschap? Meditatie.

Meditatie traint je vermogen om gedachten te observeren. Je spendeert een klein deel van je dag aan meditatie, waardoor je de rest van de tijd profiteert van minder drama en meer rust in je hoofd. En geen zorgen, dit wordt geen zweverig verhaal.

Laten we eens kijken hoe dit zit.

Meditatie en het hefboomeffect

Ik ben gek op het hefboomeffect, het idee dat je meer kunt doen met minder. Kleine technieken die mijn levenskwaliteit enorm verhogen, dat is waar ik naar zoek. Meditatie is zo'n techniek. Want met slechts een paar minuten per dag kun je je levenskwaliteit drastisch verhogen. En in dat opzicht lijkt meditatie wel een beetje op krachttraining, hoewel het leidt tot een stuk minder Instagramvolgers dan een afgetraind lichaam. Maar dat maakt dan weer niet uit, omdat je interesse in dat soort zaken vanzelf wegebt door te mediteren. Plus, je hoeft je niet in het zweet te werken, je kunt de sportschool overslaan en je krijgt geen spierpijn. Dus ik zie vooral voordelen.

Als je me al langer volgt via mijn website soChicken.nl dan weet je dat ik een duidelijk plan had voor 2018: meer mediteren. Ik mediteer al jaren, soms eens per week en soms meerdere keren per dag. En ik wilde eens uitzoeken wat er zou gebeuren als ik meditatie een stuk serieuzer zou nemen. Als ik mezelf zou uitdagen om daadwerkelijk elke dag even te gaan zitten om mijn gedachten te observeren.

Daarmee bedoel ik overigens niets extreems. Ik mediteer maximaal 20 minuten per keer, en maximaal twee keer per dag. Hoewel ik zelfs dat vaak niet voor elkaar krijg. Het is een vrij kleine aanpassing in mijn leven. Maar het is een aanpassing die veel mooie dingen teweegbrengt.

Maar ik vind meditatie zweverig

Ja, veel mensen zien meditatie als zweverig of ingewikkeld. En dat is niet eens zo vreemd, want meditatie vindt plaats in een heleboel zweverige omgevingen waar Hollandse nuchterheid ver te zoeken is. En als je zelf een nuchter type bent, dan begrijp ik dat het idee van mediteren je kan afschrikken. Maar je kunt het zo zien: deze mensen die je bestempelt als 'zweverige types' doen ook een heleboel andere dingen die jij ook doet. Zoals eten, slapen, ademhalen en scheten laten. En die dingen bestempel je niet als zweverig. En ik stel voor dat je meditatie toevoegt aan dit rijtje. Want mediteren is niet zweveriger of spiritueler dan een uur wandelen of een stuk taart eten.

Sterker nog – meditatie is niet alleen *niet zweverig*, ik heb gezien dat het in werkelijkheid precies andersom is. Mediteren is zo basaal als het leven kan zijn. Het is gewoon ervaren wat er te ervaren valt zonder te oordelen en zonder je mee te laten slepen door je gedachten. Je neemt een moment om simpelweg te *bestaan*. Basaler wordt het niet.

Constant in gedachten verzonken zijn en je gedachten heel serieus nemen – *dát is zweverig*. Want gedachten zijn van zichzelf ongrijpbaar en vluchtig, zoals wolken en scheten. Twee dingen die van zichzelf de neiging hebben om te zweven.

Ook als meditatie je afschrikt vanwege bestaande religieuze overwegingen of geloofsovertuigingen kan ik je geruststellen: mediteren is gewoon bewust waarnemen *wat is*. Meer niet. Of *dat wat is* nu werd geschapen door God uit de Bijbel, Allah, wordt gedroomd door Brahma, spontaan ontstond uit de big bang of simpelweg een grote pannenkoekenshow blijkt – het verandert niets. Je bent bewust, en dat is alles wat je waarneemt tijdens meditatie.

In de komende hoofdstukken deel ik de meest interessante dingen die ik de afgelopen vijftien jaar leerde rondom het verminderen van drama en het ontwikkelen van rust in je hoofd. Inzichten en tips die mijn leven stap voor stap steeds leuker maakten.

Mensen hebben vaak het idee dat ik 'altijd geluk heb', dat mijn leven ongebruikelijk moeiteloos is of dat ik vaak vrolijk en gelukkig ben vanwege mijn genen ofzo. Maar dat is niet hoe het werkt. Ik kijk anders naar mijn leven dan de meeste mensen, en daardoor ervaar ik het leven compleet anders dan veel anderen.

Lezers komen vaak bij me met hun problemen. Ze leggen uit waar ze mee worstelen en het klinkt meestal heftig en serieus. Wanneer ze me dan vragen wat ze het beste kunnen doen is mijn antwoord vrijwel altijd hetzelfde: *begin met mediteren*. Het is natuurlijk nooit het antwoord waar de ander naar zoekt, maar het is mijn eerlijke advies. Alle tips die ik daarna geef zijn niet meer dan lapmiddelen totdat de ander daadwerkelijk inziet dat het tijd is om te gaan zitten. Meditatie is wat mij betreft het meest strategische, meest tijdseffectieve en meest wonderlijke gereedschap om je leven steeds leuker te maken. En ik ben niet alleen. Meditatie wordt toegepast in alle lagen van de samenleving. En de mensen die regelmatig mediteren zijn steevast gelukkiger, kalmer en gezonder dan mensen die niet mediteren.

En ja – minimalisme helpt, plannen helpt, gezond eten helpt, regelmatig sporten helpt – en ik kan het allemaal aanraden. Maar zodra je een beetje vooruit bent gekomen op deze vlakken is regelmatig mediteren wat mij betreft je meest strategische volgende stap. Waarom? Simpel: het geeft je het meeste resultaat met de kleinste investering.

Een voorbeeld: gezond eten kan je hele leven in beslag nemen. Maar een dagelijkse meditatie van 10-20 minuten kan je helpen om emotie-eten te verminderen en je natuurlijke drang naar gezonde voeding te versterken. Of je kunt eindeloos veel energie verliezen aan drama in je relaties. Een meditatiegewoonte helpt je afstand nemen van de ellende en meer te bewegen richting liefde en compassie, waardoor al je relaties soepeler gaan lopen.

Of wat dacht je van productiviteit? Door je concentratie te trainen in meditatie wordt het makkelijker om gefocust te blijven op je meest belangrijke taken. En bedenk eens wat het voor je zou betekenen als je je minder gestrest en angstig zou voelen. Een blijer lijf, minder stressgerelateerde kwaaltjes en minder aandrang om de stress te verminderen met alcohol, ongezonde voeding en ander minder constructief gedrag.

Best bijzonder hoe dat werkt.

Dus daarom wil ik met je praten over meditatie. Ook als je niet spiritueel bent aangelegd (spiritualiteit wordt sowieso onnodig ingewikkeld gemaakt, zoals we later zullen zien). Ook als je religie maar malligheid vindt. Ook als je jezelf ziet als atheïst of als de nuchterste persoon in het land. Ik wil het met je behandelen omdat het goed werkt. Dat blijkt natuurlijk niet alleen uit mijn ervaring, maar ook uit de honderden wetenschappelijke studies die zijn uitgevoerd naar de effecten van meditatie op kinderen en volwassenen. Daaruit werd onder meer duidelijk dat regelmatig mediteren leidt tot een betere lichamelijke en mentale gezondheid, meer geluk en een sterker gevoel van betekenis en voldoening. Meditatie is mooi spul, en het is wat mij betreft de kortste route naar een leuker leven.

In mijn vorige boek *Steeds leuker* heb ik de simpele noodzaak van meditatie al kort aangestipt, en ik wil er hier een hele berg schepjes bovenop doen. Maar ik beloof je: we gaan het niet onnodig ingewikkeld maken. Je hoeft wat mij betreft geen uren op de grond te zitten terwijl je de knagende pijn in je rug negeert. Je hoeft geen wierook te branden waardoor je elk jaar je plafonds moet witten. Je hoeft mensen voortaan niet te begroeten met 'Namasté' en je hoeft geen mannenknotje op je hoofd te dragen om er serieus spiritueel uit te zien. Nee – er is geen spiritueel gedoe vereist om vooruit te komen met meditatie. Het mag – wat jij wilt. Maar laten we onszelf er vooral niet in verliezen, laten we onszelf vinden. Veel leuker.

Tijd om eens beter te kijken naar meditatie. Want wat is het precies, wat is het niet en waarom vind ik dat je het beter regelmatig kunt doen om te leren leven met wind mee?

Meditatie is een beetje als vliegen in een vliegtuig

Laten we even teruggaan naar gedachten als wolken. Jij bent de blauwe lucht, en gedachten komen en gaan als wolken aan de lucht. Denk eens aan die typische eerste keer, meestal in november, dat je langer dan een week geen zon ziet. Dan is het pak wolken zo dik en grijs dat je gaandeweg begint te vergeten hoe fijn zonnestralen kunnen voelen. Zodra de zon na zo'n periode van duisternis dan weer begint te schijnen ben je bijna verbaasd dat het zó licht kan zijn buiten.

Maar als je ooit met het vliegtuig hebt gereisd dan weet je dat die blauwe lucht er altijd is. Zeker op een bewolkte dag is het effect erg duidelijk. Het is koud, het regent, je hebt al dagen geen zon meer gezien. Je stapt in het vliegtuig, en terwijl je de startbaan verlaat, kun je je haast niet voorstellen dat je straks daadwerkelijk boven dat dikke pak wolken bent. Dat je binnen nu en een paar minuten weer zonneschijn zult zien!

Het vliegtuig stijgt op en klimt hoger en hoger. En dan begint het toestel behoorlijk te trillen. Want hoe dikker het pak wolken, des te turbulenter de reis omhoog. Het wordt nog donkerder, de ramen worden grijs, er is niets te zien. Er lijkt geen einde aan te komen. Een eindeloos palet van wolken wappert langs het raampje. En dan, na een paar minuten schudden, wordt het ineens stil. Je kijkt uit het raam – de wolken worden dun, de blauwe lucht komt in zicht. En – zowaar! – de zonnestralen zijn oogverblindend.

Je kijkt naar beneden en beseft dat je op een plek bent waar de wolken geen invloed meer hebben. Hier is de lucht altijd blauw. Hier regent het niet, hier waaien geen stormen. Daarbeneden onder de wolken lijken al die zaken zo echt, zo serieus. Maar hier, van bovenaf, zie je die wolken voor wat ze zijn. Gewoon mist, meer niet. Die mist zorgt in verschillende samenstellingen voor allerlei effecten, maar het blijft gewoon zwevende mist. Hoe heftig de effecten van die mist ook kunnen zijn.

Nou, mediteren is dus alsof je in dat vliegtuig stapt. Meditatie is het gereedschap dat je op die plek boven de wolken brengt – een vliegmachine. Leren vliegen gaat niet zonder slag of stoot, zeker niet als je steeds zoveel turbulentie ervaart. Wat je soms zult merken is dat het wolkenpak in je hoofd zó dik is dat je de turbulentie niet aankunt. Dan maak je een noodlanding. Je probeert te mediteren, maar raakt afgeleid door emoties en gedachten. Gedachten die zo sterk worden dat je het niet langer kunt verdragen om stil te blijven zitten.

Maar weet je wat er gebeurt als je zo'n noodlanding maakt? Dan heb je je vliegvaardigheden getraind. Heel simpel. Leren vliegen is uitdagend, maar dat was leren fietsen ook. Hetzelfde geldt voor mediteren. Na een tijdje krijg je het onder de knie, het is gewoon een kwestie van doen – van *vlieguren* maken.

Hoe vaker je dit probeert en hoe langer je het volhoudt, des te beter je erin wordt. En dan – na een tijdje proberen en talloze noodlandingen – lukt het je ineens wel. Ineens prik je door die bovenste wolkenlaag en wordt het – patsboem – helemaal stil.

Plotseling ben je op die plek waar alles altijd kalm is, de plek van waaruit je je gedachten kunt observeren. De plek waarin je leven voelt als moeiteloos, liefdevol en kalm. Je bent in de blauwe lucht, ver boven je angsten, verwachtingen en frustraties. Op een plek van waaruit je het allemaal kunt overzien met compassie, zonder oordeel.

Meditatie is je vliegmachine. En hoe beter je erin wordt, des te beter je leven wordt. Je leven wordt beter omdat je steeds dichter bij de realiteit leert leven. Je ziet je gedachten voor wat ze zijn, je begrijpt je gevoelens beter, je voelt je kalmer en je ervaart veel minder stress en frustratie. Je ontwikkelt meer concentratie en veel meer mindfulness.

Die helderheid boven de wolken is voor iedereen te bereiken. Daar heb je niets speciaals voor nodig, behalve een regelmatige routine om een paar minuten te zitten en te observeren.

En ja – je kunt hier zo goed in worden als je zelf wilt. Oefen lang genoeg, en je ruilt je vliegmachine in voor een raket. Dan prik je niet alleen door de wolken heen, maar ook door de atmosfeer. En met genoeg kracht slinger je jezelf niet alleen in een baan om de aarde, maar kun je zelfs ontsnappen aan de zwaartekracht van die blauwe bol. Maar dat is een boek voor een ander moment.

Laten we eerst die wolken maar eens overstijgen. En de beste manier om dat voor elkaar te krijgen is door een dagelijkse meditatiegewoonte te ontwikkelen.

De voordelen van regelmatig mediteren

Regelmatig mediteren heeft veel voordelen – ook als je het maar een paar minuten per dag doet. En dat is fijn, want niemand heeft tijd of zin om in één keer een uur te gaan zitten. Sterker nog – de kans is groot dat je het niet eens voor elkaar krijgt. Dat je brein de intense 'saaiheid' gewoon niet trekt – en geef het eens ongelijk. Er zijn veel leukere dingen te beleven, zoals rondhangen op social media of eindeloos series kijken.

Maar goed, je weet hoe dat gaat. De meeste mensen vinden op de bank hangen ook leuker dan sporten, maar toch sporten we. Omdat sporten gezond is en simpelweg nodig is om een beetje normaal te kunnen leven. Datzelfde geldt wat mij betreft voor meditatie. Het is heus niet zo dat mensen die regelmatig mediteren er altijd zin in hebben. Ik heb er ook niet altijd zin in. Het is precies als naar de sportschool gaan – precies zoals mensen op verjaardagen altijd tegen elkaar zeggen: 'Ja, als ik er eenmaal ben, dán vind ik het niet erg om te sporten.'

En dat is dus het hele punt. Mediteren is best lekker – áls je eenmaal bezig bent. Het is tegelijkertijd ook hard werken, een beetje zoals sporten – maar op een compleet andere manier. En als je het regelmatig doet, dan begin je eraan te wennen. En – net als met sport – begin je het na een tijdje te missen als je het niet meer doet.

Maar zoals we allemaal aan het sporten slaan zodra de zomermaanden naderen – omdat we nét iets slanker op het strand willen liggen – zo slaat bijna niemand aan het mediteren omdat we door ons leven willen gaan met een kalm hoofd.

En ik vind het hoog tijd dat we dat anders gaan bekijken. Dat we onze mentale gezondheid en onze persoonlijke groei veel belangrijker maken in ons leven, op een dagelijkse basis.

Waarom? Simpel: regelmatige (liefst dagelijkse) meditatie legt een moeiteloos fundament onder je geluk, gezondheid, relaties en persoonlijke groei. Het maakt alles eenvoudiger.

Het ontwikkelen van een dagelijkse meditatiegewoonte is zo strategisch – het brengt je zó veel voordelen met zo weinig moeite – dat het aanleren van deze gewoonte wat mij betreft je volgende project moet zijn. En dat is ook de reden dat ik dit boek ermee begin. Want als je dit doet, dan hoef je de rest van het boek eigenlijk niet eens meer te lezen. Het mag wel natuurlijk – ik zou het in ieder geval erg gezellig vinden als je mee blijft lezen.

Het is net of je *SimCity* speelt

Praten over meditatie en bewustzijn gaat het beste in metaforen, zoals je al hebt gemerkt. En we gaan even wisselen. Van scheten, wolken en vliegmachines naar elektriciteitskabels. Het ontwikkelen van een dagelijkse meditatiegewoonte is als het aanleggen van een elektriciteitsnet.

Ik weet niet of je ooit *SimCity* hebt gespeeld – ik wel. Ik heb er dagen van mijn leven aan besteed als tiener. Een opfrisser: *SimCity* is een videogame waarin je je eigen stad bouwt. Compleet met wegen, ziekenhuizen, riolering en – uiteraard – een elektriciteitsnet.

Elektriciteit is essentieel voor een stad. Je kúnt een stad bouwen zonder elektriciteit, maar mét stroomtoevoer is alles veel eenvoudiger. Want anders kunnen de mensen hun smartphone niet opladen en geen *YouTube* kijken, en dat is niet fijn. Dus voordat je de stad uitbouwt, zorg je ervoor dat er voldoende elektriciteit wordt geproduceerd en dat deze elektriciteit zijn weg vindt naar alle gebouwen in je stad.

Wat heeft dit met meditatie te maken?

Nou, een meditatiegewoonte helpt je een elektriciteitsnet aanleggen in je leven. Door te mediteren zorg je ervoor dat de stroomkabels alle levensgebieden bereikt. En wanneer de elektriciteit zijn weg vindt naar een nieuw levensgebied (zoals gezondheid, werk of zelfacceptatie) werkt het vanaf dat moment beter en moeitelozer.

Stel, je gaat verhuizen. Je komt aan in je nieuwe huis en je ontdekt dat er nog helemaal geen elektriciteit is aangelegd. Geen groepenkast, geen aansluiting op het stroomnet. Dat is niet handig. Het gaat je een heleboel tijd en geld kosten om ervoor te zorgen dat er elektriciteit komt in elke kamer, zodat je gewoon je leven kunt leiden zoals je het van plan bent. En tot die tijd loop je te zeulen met zaklampen en zware batterijen.

De kalmte en het overzicht dat je ontwikkelt in meditatie vloeien over in elk levensgebied. En ze zorgen ervoor dat je in elk levensgebied vooruitkomt met minder moeite. Want je weet hoe dat werkt met licht. Als je geen licht hebt, lijkt de duisternis heel echt. Maar zodra je het licht inschakelt is de duisternis plotseling verdwenen. Dan blijkt dat de duisternis niet bestond, dat het enkel leek te bestaan in de afwezigheid van licht. Wanneer je in elk levensgebied moeiteloos het licht kunt inschakelen maak je alles een stukje eenvoudiger. Hierdoor hoef je je persoonlijke groei niet steeds op eigen kracht te doen. Je hoeft niet te zeulen met batterijen om iedere kamer van licht te voorzien. Je drukt gewoon op de knop en het licht gaat aan.

Dagelijkse meditatie helpt je levenskwaliteit verhogen op allerlei manieren. Het helpt je bij het ontwikkelen van:

- Een gezond eetpatroon
- Een gewoonte om regelmatig te bewegen en te sporten
- Productiviteit en discipline
- Geluk en dankbaarheid
- Zelfliefde en zelfcompassie
- Vrijkomen van serieuze en kleine verslavingen
- Betekenisvolle relaties
- Moed en innerlijke kracht
- Zelfvertrouwen
- Zelfredzaamheid en emotionele veerkracht
- Liefde en compassie voor alles wat leeft
- Mindfulness en leren genieten van je leven
- Acceptatie van jezelf, anderen en 'dat wat is'
- Innerlijke rust en geduld
- Betekenis en zingeving in je leven
- Willekeurige wijze dingen om te zeggen op feestjes.

Nee – veel van deze dingen gebeuren niet automatisch doordat je mediteert. Net zoals er niet automatisch lampen gaan branden wanneer je een huis op het elektriciteitsnet aansluit. Je moet er nog steeds moeite in steken.

Je moet nog steeds je best doen om je relaties te ontwikkelen, gezonder te eten, geduld te beoefenen of compassie te cultiveren. Lampen hangen zichzelf ook niet op boven je salontafel. Maar het ontwikkelen van deze (en meer) eigenschappen gebeurt met veel minder moeite dan wanneer je niet regelmatig zou mediteren. Een meditatiegewoonte geeft je echt het gevoel van leven met wind mee. Alles loopt soepeler, dingen kosten minder moeite. Het leven is beter boven die wolken, echt waar. Sowieso is het uitzicht beter. Alleen koffie is minder makkelijk te krijgen, dus daarvoor moet je dan weer even naar beneden. Prima.

Wat ik heb gemerkt sinds ik dagelijks mediteer

Zoals gezegd besloot ik ergens eind 2017 dat ik meditatie in 2018 serieus zou nemen. Nou besluit ik wel meer dingen als het nieuwe jaar begint. En hoe goed dat werkt blijkt wel uit het feit dat ik nog steeds geen wasbordje heb. Maar goed, om een of andere reden lukte regelmatiger mediteren me in 2018 wel. Waarschijnlijk ook omdat wasborden vooral leuk zijn om te zien voor anderen, en persoonlijke groei vooral leuk is voor mezelf.

Dus dat heb ik gedaan. En ik ben niet eens naar een ashram vertrokken om mantra's te zingen en te giechelen om mannenknotten, hoewel dat eigenlijk wel het plan was. Want ik heb met Billy weer een paar maanden door India gereisd. Maar vanwege een meevaller in de adoptieplanning (we staan wanneer dit boek uitkomt op de wachtlijst) kwamen we een maand eerder terug. Dan maar geen ashram, dan maar niet uren stilzitten zonder koffie, lekkere koekjes, internet, fijne boeken en gezellige gesprekken – je moet iets voor je kind over hebben.

Zodra ik thuiskwam heb ik vrijwel dagelijks gemediteerd. Gewoon thuis. Eerst begon ik met één keer per dag in de ochtend, en later twee keer per dag (in de ochtend en voor het avondeten). Vaak mediteerde ik bij elkaar een uur per dag. Ik mediteerde in voorgaande jaren ook al regelmatig, vaak 20-30 minuten per keer. Maar dan zaten er weer drie dagen tussen of mediteerde ik een hele week niet. Een beetje zoals ik me gedraag rondom het realiseren van een wasbord – niet erg consequent. Ik merkte dat dagelijkse meditatie cumulatieve effecten heeft.

Er wordt momentum opgebouwd. Het gaat niet eens zozeer om de lengte van de meditatie, maar om de regelmaat. Het is in mijn ervaring veel krachtiger om regelmatig (liefst dagelijks) kort te mediteren dan onregelmatig lang te mediteren.

Zodra ik me toelegde op dagelijkse meditatie begonnen de effecten langzaam maar zeker door te sijpelen in mijn leven:

- Ik voel me zelfverzekerder en rustiger.
- Ik ervaar m'n leven meer vanuit de positie van 'toeschouwer'. Het 'drama' in mijn leven voelt meer als een toneelstuk waarin ik deelneem. Dit geeft een enorm gevoel van vrijheid, omdat het me helpt het leven minder serieus te nemen. Hierover later meer.
- Ik merk negatieve 'self-talk' sneller op, en kan het met liefde en compassie wegzetten als 'onzin'.
- Emoties die me vroeger aanzetten tot minder constructief gedrag (zoals ongezond en te veel eten, alcohol, overmatig gamen en zeuren) voelen nu milder en minder 'acuut'. Soms geef ik er nog aan toe (vooral als ik moe ben), maar al met al merk ik dat ik me minder aangetrokken voel om te vluchten in deze zaken.
- Ik voel steeds sterker dat ik goed voor mezelf wil zorgen en dat ik steeds sterker ga verlangen naar mijn meditaties.
- Eerst voelde het soms nutteloos om te mediteren. Dan dacht ik: *Ik kan een halfuur mediteren, maar dan kan ik niet een halfuur gamen.* En dat voelde als een 'verlies'. Nu voel ik dat mediteren me veel meer brengt dan gamen.
- Soms loop ik over straat en voel ik ineens een intens gevoel van liefde. Voor de mensen om me heen, de mensen op straat en de mensheid in het geheel. Dan zie ik heel sterk hoe wonderlijk onze samenleving is, en hoe bijzonder het is om te leven.

Dus ja – ik vind het best mooi spul. En het beste is: het wordt alleen maar leuker. Meer rust, meer liefde, meer compassie, meer acceptatie. Zodra het elektriciteitsnet wordt uitgerold naar alle levensgebieden, beginnen overal de lampjes aan te gaan. En meer meditatie zorgt ervoor dat de kabels een hoger voltage aankunnen, waardoor het licht steeds feller gaat schijnen.

Het enige wat ik hoef te doen is 'niets'. Best een goeie deal. Nou ja – ik doe natuurlijk wel 'iets', maar het is niet alsof ik sta te slingeren met gewichten. Ik zit gewoon lekker comfortabel te zitten, het kan echt slechter.

Al deze wenselijke ontwikkelingen staan nog los van de recente wetenschappelijke hype om meditatie te zien als (een deel van de) oplossing voor tientallen mentale en lichamelijke klachten. Een regelmatige (liefst dagelijkse) meditatiegewoonte vormt een vruchtbare bodem onder een geweldig leven. Dus tijd om te onderzoeken hoe we meditatie op een simpele en effectieve manier kunnen toepassen. Want hoe kun je het best mediteren zodat je zo veel mogelijk resultaat boekt met de minste moeite? Laten we eens kijken.

DUS?

- Dus meditatie is een praktisch en onwijs krachtig gereedschap om je levenskwaliteit drastisch te verhogen met weinig moeite.
- Het fungeert als een vliegmachine, en helpt je boven de wolken uitstijgen naar de stille blauwe lucht.
- Regelmatig mediteren helpt je de lichtjes inschakelen in alle gebieden in je leven, waardoor alles eenvoudiger en leuker wordt.
- Regelmaat is belangrijker dan lengte omdat dit je helpt momentum op te bouwen.

In je eigen windmachine

Ben je benieuwd naar alle positieve effecten van meditatie? In je eigen windmachine heb ik een aantal interessante studies, video's en bevindingen voor je op een rij gezet.

sochicken.nl/windmachine

3

DE SIMPELE GEWOONTE DIE ALLES LEUKER MAAKT

Het gros van het drama in je leven wordt veroorzaakt door je gedachten. In deel 2 deel ik inzichten en handvatten die je helpen je gedachten anders te bekijken. Maar aan de basis van al die tips ligt een simpele vaardigheid: *het kunnen observeren van je gedachten*. Want pas als je een beetje afstand realiseert tussen wat je denkt en wie je bent, kun je je gedachten echt minder serieus nemen.

Daarom probeer ik je warm te maken voor meditatie. Want het is altijd gezellig om conceptueel te begrijpen hoe gedachten werken, maar concepten zijn ook gewoon gedachten. Leren fietsen lukt niet als je het alleen conceptueel begrijpt. Je moet gaan zitten en oefenen. Want alleen door het te doen leer je fietsen. Je gedachten observeren doe je niet door meer gedachten toe te voegen. Dat doe je door tijdelijk afstand te nemen van de brij.

Een regelmatige meditatiegewoonte is in dit licht de meest effectieve en strategische manier om vooruit te komen richting een moeiteloos en fijn leven. Meditatie is wat dat betreft een beetje als broccoli. Broccoli is zó gezond en tegelijkertijd zó betaalbaar en makkelijk te bereiden dat het haast lachwekkend is dat sommige mensen het níét wekelijks eten. Het geldt ook voor tandenpoetsen. Die gewoonte kost je slechts een paar minuten per dag en een paar euro per maand. Maar regelmatig poetsen voorkomt onevenredig veel leed, tandartskosten en (laten we eerlijk zijn) drama.

Met een beetje meditatie kun je alles beter maken. Minder drama, meer rust in je hoofd. Minder stress en ellende, meer dolle pret. Best fijn.

Een paar minuten per dag investeren in je levenskwaliteit – dat kun je wel. Bedenk maar eens hoeveel tijd je nu besteedt aan piekeren, haasten, zeuren, twijfelen welke reep chocolade je gaat kopen of nadenken over hoe je je ellende gaat verminderen en je leven leuker kunt maken. Al die bezigheden gaan je minder tijd kosten als je regelmatig mediteert. Denk eens aan alle boeken die je niet meer hoeft te lezen, omdat je die wijsheid gewoon uit jezelf kunt halen. En stel je eens voor hoe fijn het zou zijn om je niet meer zo te ergeren aan anderen – wat een vrijheid!

Best mooi.

In dit hoofdstuk deel ik een specifieke meditatietechniek, de techniek die ik gedurende heel 2018 heb gebruikt. Ik zal uitleggen waarom ik deze techniek heb gekozen, en uitleggen hoe je veelvoorkomende problemen oplost. Daarnaast deel ik nog een andere meditatietechniek, die je kunt gebruiken op momenten dat je de eerste techniek te intensief vindt (want hij is best krachtig).

Vervolgens stomen we door, en later in het boek zal ik je uitleggen welke volgende stappen je kunt zetten om deze gewoonte te verweven in je leven. Ook als je het druk hebt, ook als je kinderen hebt en ja – ook als je liever Netflix kijkt. Geen zorgen, je kunt dit. Laten we eerst eens uitzoeken hoe je het best kunt mediteren.

De beste meditatietechniek

Hoe kun je het best mediteren? Laten we beginnen met een dooddoener: ik heb geen idee, eerlijk gezegd. Want zo goed kennen we elkaar nou ook weer niet. En ik ben ook niet bekend met alle mogelijke vormen van meditatie, het zijn er nogal wat. Het enige wat ik heb is een prima manier, de manier die ik gebruik en waarvan ik heb gemerkt dat het goed werkt voor mij en mijn lezers op soChicken.nl.

En daarbij moet ik zeggen dat ik erg gek ben op efficiëntie. Ik zoek naar de meditatie die me het meest vooruithelpt met de minste moeite.

Want het lijkt natuurlijk heel wijs om dagelijks uren op een kussentje te zitten, maar ik heb nog meer te doen. En dat geldt ook voor jou. Je hebt dingen als werk, plannen, kinderen, toiletbezoeken en natuurlijk nog al die series die je moet kijken. Dus in onze zoektocht naar een goede meditatie zijn we heel selectief, niet elke meditatie is krachtig en tegelijkertijd tijdseffectief.

Heel veel mensen doen hele definitieve uitspraken over meditatie. Zoals:

- 'Je moet altijd rechtop zitten met je benen in de knoop.'
- 'Je moet mediteren voor zonsondergang.'
- 'Je mag niet eten voordat je mediteert.'
- 'Je moet je handen zo houden en niet zo.'

En dingen als 'doe een gewaad aan, laat je baard staan en loop op blote voeten' – ook al is die traditie ontstaan in tropische oorden en niet in de zompige koude polder.

Laten we een paar dingen duidelijk maken. Omdat meditatie van oudsher wordt toegepast in eeuwenoude tradities, hangt er nogal wat culturele ballast omheen. Voor de komst van de moderne tijd was er nogal sprake van bijgeloof, en als een vooraanstaand persoon met gewaad op blote voeten bijgeloof koestert dan wordt het al snel geïnterpreteerd als 'de waarheid'.

Dat is één ding. Een ander ding is dat veel mensen spreken over meditatie vanuit hun specifieke filosofie of traditie. Dat is prima en begrijpelijk, maar weet dat elke manier ook maar gewoon 'een manier' is. Er is geen 'goed of slecht'. Wat vooral telt is het resultaat dat je ervaart.

En op dat front zijn er wel verschillen. Sommige vormen van meditatie zijn niet zo effectief, andere zijn zo pittig dat je ze maar een paar minuten per dag wilt doen. Waar we zoals gezegd naar op zoek zijn is een vorm van meditatie die ons niet te veel tijd kost, behoorlijk wat impact heeft en vooral makkelijk uit te voeren is.

Als je je kunt vinden in deze randvoorwaarden, dan heb ik wel een goede manier om te mediteren: *een eenvoudige mantrameditatie*.

Oké – klinkt vreemd

Misschien. Maar het is vooral heel effectief. Er zijn natuurlijk andere vormen om te mediteren die ook heel effectief zijn. Maar er zijn een paar redenen waarom ik je deze meditatie wil leren en niet al die andere meditaties. De eerste reden is dat ik gek ben op eenvoud. Als je één effectieve meditatie onder de knie hebt, dan heb je alles wat je voorlopig nodig hebt om vooruitgang te boeken. Maar daarnaast kies ik voor mantrameditatie omdat het geweldig past bij onze westerse breinen.

In het Westen zijn we ontzettend gewend om 'in ons hoofd' te leven. Die gewoonte is een bron van veel van onze problemen, maar het is tegelijkertijd ook een goed startpunt. Want met mantrameditatie maak je gebruik van je neiging tot denken. Ik wil je een specifieke meditatie leren met een specifiek mantra. Niet omdat dit de enige of beste manier is, maar omdat het simpel is en geweldig werkt.

Om te kunnen mediteren heb je twee dingen nodig:

- Een meditatieobject
- Concentratie op je meditatieobject

Als meditatieobject kun je allerlei dingen gebruiken. Van je ademhaling tot staren naar een kaars. In mantrameditatie gebruik je een mantra als meditatieobject.

Een mantra is een specifiek woord (of groep woorden) dat je constant herhaalt. En in dit geval herhalen we het mantra in gedachten, dus niet hardop. Dat scheelt weer in de gekkigheid.

Een mantra is effectief omdat het je helpt om je gedachten te vervangen door iets anders. Je gebruikt je mantra als meditatieobject, en daardoor duw je als het ware alle andere gedachten uit je hoofd. Er blijft nog maar één prominente gedachte over, en dat is je mantra. Wanneer je mantra de gedachten 'opzij' heeft geduwd, kun je gaandeweg het mantra steeds zwakker maken en blijf je over met overweldigende innerlijke stilte.

Heel fijn.

Zie je mantra als gereedschap om je gedachten te focussen en je aandacht vast te houden. Je hoeft niet je best te doen om 'niet te denken' of je hoofd leeg te maken. Je mag je hoofd vullen en je mag denken – je denkt je mantra. En dat werkt als een tierelier. Je focus op het mantra sleurt je in no time in een diepe, rustige meditatie zonder al te veel moeite. Sterker nog, het werkt zo goed dat ik aanraad om niet langer dan 20 minuten per keer te mediteren. Het mag – als je wilt – maar het is niet vereist om resultaten te boeken en het kan je juist chagrijnig of verward maken, zeker in het begin.

Mantrameditatie is niets nieuws. Het wordt al duizenden jaren toegepast in diverse tradities en wordt tegenwoordig in verschillende vormen door tientallen miljoenen mensen beoefend in diverse populaire systemen, waaronder tm (transcendente meditatie). Er is veel wetenschappelijk onderzoek gedaan naar de positieve effecten van deze vorm van meditatie en het blijkt een effectieve manier om meer innerlijke stilte te vinden en je levenskwaliteit te verhogen.

Interessant, en welk mantra kiezen we?

Dit kan een heel lang verhaal zijn, maar ik houd het graag kort. Ik heb gekozen voor een specifiek mantra om verschillende redenen. Het is kort, maar niet te kort. Het is makkelijk uit te spreken en van westerse oorsprong, je weet wat het betekent en die betekenis is bovendien onmiskenbaar waar. Daarnaast is dit mantra niet sterk gekoppeld aan een specifieke traditie.

Ik gebruik het mantra *I AM*, en ik kan je aanraden dit mantra ook te gebruiken. Als je het vaak herhaalt in gedachten vloeit het een stuk lekkerder dan het Nederlandse 'ik ben'. Fonetisch spreek je *I AM* uit als een vloeiend *aijem*.

Het idee in mantrameditatie is dat je je aandacht richt op de klank, niet op de betekenis, omdat je er dan weer te veel over nadenkt. Dus herhaal in gedachten gewoon 'aijem', dan werkt het perfect. Dit mantra is praktisch, kort, niet-zweverig en herkenbaar. Het is een geweldig startpunt om mee aan de slag te gaan, en dat is alles wat je nodig hebt.

Ik ga er verder in dit hoofdstuk van uit dat je dit mantra gebruikt. Maar als je dit mantra niets vindt dan kun je ook kiezen voor een ander mantra. Je kunt kiezen voor traditionele mantra's zoals *om*. Je kunt ook zelf een positief mantra kiezen. Een kort woord of eenvoudige zin waar je blij van wordt – zoals *groei*, *liefde* of een vraag zoals *wie ben ik?* Het is slim om – zodra je een prettig mantra hebt gevonden – dit mantra een tijdje te blijven gebruiken. Je brein maakt door de herhaling namelijk nieuwe paden aan waardoor je steeds sneller dieper in je meditatie glijdt.

Maar hoe werkt dat dan?

Simpel. Je mantra duwt gedachten aan de kant, waardoor je supersnel rust in je hoofd ervaart. Je gaat zitten, zet een meditatietimer, sluit je ogen, ontspant je lichaam, ademt een paar keer rustig in en uit, en je begint in gedachten: *I AM I AM I AM*... net zolang tot de timer afgaat.

Je spreekt het mantra moeiteloos uit in gedachten. Het hoeft niet hard of geforceerd. Laat het gewoon rustig stromen, in een tempo dat goed voelt voor jou. Dat tempo kan veranderen tijdens je meditatie, en dat is prima. Richt je aandacht alleen op het mantra, en probeer je mantra niet af te stemmen op je ademhaling. Want dan kom je in de problemen als je merkt dat je sneller of langzamer wilt gaan. Laat je ademhaling los, en houd je aandacht bij *I AM*. Maak het mantra niet prominent, maar laat het rustig naar de achtergrond drijven. Steeds zachter, steeds kleiner. Tot je merkt dat je het niet meer actief hoeft te 'zeggen', maar je er als het ware gewoon naar luistert in je hoofd. Verlies je zoals gezegd niet in de betekenis, maar richt je op de uitspraak: *aijem*.

Dat is alles.

Probeer het maar eens vandaag. De eerste paar sessies voelen een beetje onhandig, en dat is prima. Als je iets voor het eerst doet ben je altijd onhandig, dat hoort erbij. Meditatie is een vaardigheid als fietsen. Het is een krachtige technologie om een bepaald resultaat te bewerkstelligen. Hoe vaker je deze techniek gebruikt, des te beter je erin wordt.

Hoe lang en hoe vaak doe ik dit?

Begin zo klein als goed voelt, en bouw het de komende maanden rustig op naar zo'n 15-20 minuten per sessie. Veel langer is niet nodig, omdat deze meditatie zo effectief is. Uiteindelijk kun je het – als het goed voelt – uitbouwen naar twee keer per dag 15-20 minuten. Bijvoorbeeld voor het ontbijt en voor het avondeten. Heb je geen tijd voor een volledige sessie? Doe het dan een paar minuten. Heb je geen tijd voor twee sessies? Doe dan één sessie. Simpel.

Eén tip: deze meditatie kun je beter niet uitvoeren direct voor het slapengaan. Je kunt het gerust proberen, maar de kans is aanwezig dat je onrustig slaapt of vage dromen ervaart. Dit is geen ontspanningsoefening – dit is een work-out voor je brein. Je gaat ook geen lesje bodypump doen vlak voordat je in bed stapt. Dus geef jezelf wat ruimte om na je meditatie te rusten.

En hoe kan ik het beste zitten?

Comfortabel, dat is het meest belangrijk. Want als je uiteindelijk 20 minuten stil wilt zitten, dan wil je niet dat je pijn in je rug krijgt. Maar je wilt er wel voor zorgen dat je rechtop zit, liefst met een rechte rug. Als je gaat liggen dan val je waarschijnlijk in slaap en dan ben je niet aan het mediteren – dan ben je aan het slapen. En er is niets mis met slapen, maar het is iets anders dan mediteren. Dus probeer – als het mogelijk is – rechtop te zitten.

Zelf zit ik in de kleermakerszit op de bank of op m'n bed, met een kussen in m'n onderrug zodat ik goed rechtop zit. Ik leg mijn handen in m'n schoot en begin met mediteren. Dit is een prima meditatiehouding voor mij, en wellicht ook voor jou. Als het je lukt om in je houding een tijdje stil te zitten zonder al te veel problemen dan is het prima.

Wat doe ik als ik klaar ben?

Na afloop van je meditatie is het goed om een paar minuten rust te nemen. Deze meditatie is kort maar krachtig, en het is goed om je brein een beetje tijd te geven om de effecten ervan te integreren. Dus ren niet meteen door, maar neem een paar minuten om te rusten. Je kunt ook meteen doorgaan met je dag, maar je zult merken dat je dan kans loopt om chagrijnig en prikkelbaar te worden. En daar zit je niet op te wachten.

Hoe weet ik of ik het goed doe?

Je weet dat je het goed doet omdat je meditatie niet echt verkeerd kunt doen. Ja – er zijn effectieve en minder effectieve sessies. Soms mediteer ik en dan voel ik me daarna onwijs ontspannen, blij en liefdevol. En soms voel ik niets bijzonders. Maar dat wil niet zeggen dat de meditatie niets heeft bereikt.

Mediteren is als het schoonmaken van een ontzettend stoffig huis. Zodra je begint met lappen begint het stof door de lucht te dwarrelen, waardoor het alleen maar erger voelt. Soms moet je nu eenmaal tijdelijk meer rommel maken om goed op te kunnen ruimen.

Als je een tijdje mediteert begin je ook de ramen te lappen. En dat is fijn, want nu je die dikke laag stof verwijdert kan het zonlicht moeiteloos naar binnen vallen. Maar je weet hoe dat gaat: pas als de zon recht in je huis schijnt zie je écht hoe stoffig het is. Het extra licht is fijn, maar het laat je ook duidelijk zien hoeveel er nog te doen is.

Mediteren gaat in ups en downs, het is echt een reis in jezelf. Hoe vaker je mediteert, des te duidelijker je dit zult zien. Soms loopt het een paar dagen niet zo lekker. Je voelt je afgeleid of verveeld, en je voelt je niet echt kalm. Dit zijn de dagen dat er flink wat stof door je huis dwarrelt, waardoor het lijkt alsof je de boel nooit schoon zult krijgen. En dan, na een paar dagen, glijd je ineens in een veel diepere meditatie dan daarvoor en ervaar je intense stilte. Het stof is neergedaald en je kunt nu beter zien dan daarvoor.

Maak je niet te druk of je het wel goed doet. Doe het gewoon. Er valt weinig verkeerd te doen. Het is vooral een kwestie van ervaring opdoen. Want hoe meer vlieguren je maakt, des te beter je kunt omgaan met obstakels in je meditatie.

Ik krijg mijn hoofd niet leeg

Veel mensen denken dat meditatie draait om 'het hoofd leegmaken'. Wanneer ze dan gaan zitten blijkt dat onmogelijk, waardoor ze denken dat ze iets verkeerd doen. Maar we hebben inmiddels gezien dat hoofden niet leeggemaakt worden – dat is onmogelijk. Je brein ervaart gedachten, altijd. Ze komen gewoon, zonder zich eerst te melden bij de receptie. Ze paraderen in polonaise je waarneming binnen en negeren alle nee/nee-stickers. Het is een hele toestand als je daadwerkelijk probeert je hoofd leeg te maken, om gedachten te stoppen. Het is onmogelijk, dus dat is niet wat we proberen te doen.

Mediteren draait om het trainen van je concentratie en je *mindfulness* (je vermogen om je aandacht in het hier en nu te houden). Je traint door – steeds als je opmerkt dat je wordt meegenomen door je gedachten – je aandacht keer op keer terug te brengen naar je meditatieobject (je mantra in dit geval).

De momenten waarop je beseft dat je afgeleid bent geraakt, dát zijn de momenten waar het om draait. Die momenten duren een fractie van een seconde. De rest is gewoon opvulling. Terugkomen bij je mantra, keer op keer – dat is alles wat je hoeft te doen. En dat is moeilijk genoeg.

Zodra je opmerkt dat je meditatieobject aan je aandacht is ontsnapt, breng je je aandacht weer terug. Dat is wat meditatie is.

Het moment waarop je beseft dat je aandacht is weggegleden – dat is het moment waarop je je mindfulness traint. Hoe vaker je wegglijdt en je aandacht weer terugbrengt naar je meditatieobject, des te harder je groeit.

- Je hoeft tijdens je meditatie niets anders te doen dan je aandacht steeds terugbrengen naar je mantra.
- Je hoeft je hoofd niet leeg te maken.
- Je hoeft geen speciale sensaties te verwachten.
- Je hoeft niets te doen met de gedachten die langskomen.
- Je hoeft niet op te staan.
- Je hoeft je niet druk te maken om de verveling die je voelt.
- Je hoef je niet af te vragen of je het goed doet.
- Je hoeft je niet druk te maken om de lengte van de timer.
- Je hoeft je niet bezig te houden met de effecten, de voortgang en de resultaten.

Gewoon zitten en je aandacht keer op keer terugbrengen naar je mantra tot de timer gaat. En als je dat vaak en lang genoeg doet, beginnen er allerlei subtiele dingen te veranderen. En soms gebeuren er minder subtiele dingen. En als de dingen die gebeuren een beetje heftig zijn, dan kun je even gas terugnemen. En als je hele mooie dingen ervaart die je helemaal gelukzalig maken, geniet er dan van, maar blijf er niet in hangen. Het kan dat het volgende keer weer gebeurt, het kan ook zijn dat het nooit meer gebeurt. Het gaat niet om die ervaringen, dat is decoratie. Breng je aandacht gewoon terug naar je meditatieobject, meer niet. Dat is alles.

Is mijn ontspanningsoefening ook meditatie?

Sommige mensen denken dat ik mediteer om tot rust te komen. Om lekker te ontspannen. Maar als ik gestrest ben mediteer ik juist liever niet. Dan doe ik liever eerst wat yoga of ga ik hardlopen. Want mediteren met een druk hoofd werkt voor geen meter. Dus ik leg altijd uit dat er een verschil is tussen mediteren en ontspanningsoefeningen. De meeste mensen zijn alleen bekend met het tweede. Er zijn maar weinig mensen die echt mediteren.

Wat is het verschil tussen een ontspanningsoefening en meditatie? Simpel: een ontspanningsoefening is ontspannend, mediteren is hard werken. Mediteren is sporten, een ontspanningsoefening is lekker bijkomen in de sauna.

- Een ontspanningsoefening heeft als doel je ego (dat stemmetje in je hoofd) te kalmeren en te bevredigen.
- Meditatie heeft als doel om je ego op te ruimen en uiteindelijk te elimineren. Een diepe, blijvende innerlijke rust is simpelweg wat er overblijft.

Een ontspanningsoefening is symptoombestrijding. Niets mis mee, zoals er niets mis is met paracetamol of een koud washandje bij koorts.

Meditatie is de oorzaak met de wortels uit de grond rukken. Met ontspanning kun je stress onder controle houden. Met meditatie kun je leren vergeten waarom je überhaupt stress ervoer. Meditatie is een actieve bezigheid. Een vaardigheid waar je steeds beter in wordt. Een avontuurlijke ontdekkingsreis naar datgene wat schuilt onder al je gedachten, overtuigingen, trauma's, verwachtingen, emoties en angsten.

Meditatie heeft de potentie om je hele wereld op z'n kop te zetten op allerlei manieren. Een ontspanningsoefening maakt je vooral ontspannen, maar verder zal het niet gaan. Alles wat de moeite waard is kost moeite – dus als je de voordelen van meditatie wilt ervaren moet je er wel wat voor doen. Niet platliggen op bed met pingelmuziek en een vriendelijke dame die je in slaap praat. Daar is niets mis mee, maar het gaat je niet helpen om boven die wolken uit te prikken en het hele perspectief op je leven aan te passen. Het helpt je vooral om lekker in slaap te vallen – en dat is ook lekker, maar het is wat anders.

Wat als ik verveling ervaar?

Dus je zit lekker te mediteren – *I AM I AM I AM*… – en ineens komt daar een gedachte langsgewapperd:

> *Gossiemijne, dit is saai. Dit is het saaiste wat ik ooit heb gedaan. En het werkt ook niet, ik voel me niet kalm. Hoe lang zou de timer nog zijn? Zal ik m'n ogen openen? Nee, dan faal ik. En ik wil dit, maar het is zo saai. Hierna ga ik even m'n smartphone checken. Oeh, zou Laura al hebben gereageerd? Misschien moet ik anders heel even gluren en daarna verder gaan…* En je breekt je meditatie af.

Logisch – saaiheid is een uitdagende emotie. De beste manier om ermee om te gaan is simpelweg deze gedachten erkennen, accepteren en weer terug te keren naar je mantra. Je zult merken dat je – zodra je je aandacht weer terugbrengt op *I AM* – die gedachten kunt loslaten en de verveling weer net zo plotseling verdwijnt als dat ze kwam.

Vraag jezelf af: *Kan ik het voor elkaar krijgen om nog één keer mijn aandacht naar mijn mantra te brengen?* Ja, prima. En kun je het nu nog één keer doen? En daarna nog een keer? Dat is alles wat je steeds hoeft te doen. In ieder moment hoef je alleen terug te keren naar je mantra. Het is steeds één simpele stap. Verveling ontstaat uit gedachten. Als je terugkeert naar je mantra duw je die gedachten opzij en verdwijnt de verveling automatisch.

Wat als ik nare emoties ervaar?

Als je wordt overvallen door nare emoties, besef dan dat deze gevoelens opnieuw worden veroorzaakt door nare gedachten. Je denkt dingen die je een naar gevoel geven. Daar is niets mis mee. Het gevoel kan uitdagend zijn, maar voordat je je meditatie afbreekt, probeer het eens rustig te observeren.

Waar voel je het gevoel in je lichaam? Breng daar je aandacht naartoe. Observeer wat er te voelen valt. Voel je verkramping? Voel je spanning of een soort knoop in je buik? Schenk het je volle aandacht. Voel die nare gevoelens eens echt, in plaats van ervoor weg te rennen.

Je zult merken dat de gevoelens in de meeste gevallen simpelweg verdwijnen. Angst en narigheid is duisternis, en je kalme aandacht is een sterke zaklamp. Je richt je aandacht op de narigheid en poef! Weg duisternis. Vervolgens breng je je aandacht terug naar je mantra.

Wordt het te heftig? Onderbreek dan je meditatie en probeer het morgen nog een keer, maar dan iets korter. Als je bovenkamer erg stoffig is zijn je eerste meditaties mogelijk erg onrustig. Dus begin klein en blijf doorgaan. Dan kom je vanzelf op de plek waar je wilt zijn.

M'n benen vallen in slaap

Ja, welkom bij de club. Dit had ik ook in het begin, en het gaat vanzelf over. Bouw je meditatie rustig op en laat je lichaam gewoon wennen aan langer stilzitten in een andere houding. Je kunt je houding er ook op aanpassen door er zeker van te zijn dat je benen niet afgekneld worden. Draag comfortabele kleding en kies voor een zachter oppervlak (zoals een bed of een bank), dan wordt de kans kleiner.

Fijn om te weten: als ledematen in slaap vallen is dat niet omdat ze te weinig bloed krijgen. Het heeft alles te maken met het tijdelijk afknellen van je zenuwen, en het is niet schadelijk mits je het niet uren achter elkaar ervaart.

Ik voel allerlei rare sensaties

Rare sensaties – dat kan van alles zijn. Maar het antwoord is altijd hetzelfde: laat je niet meeslepen, en breng je aandacht gewoon moeiteloos weer terug bij je mantra. Simpel.

Tijdens je meditaties kun je allerlei dingen meemaken. Als je brein ineens zo ontspannen en geconcentreerd raakt, kan het zijn dat er dingen loskomen. Lastige emoties of allerlei willekeurige herinneringen bijvoorbeeld. Dan zit je lekker te mediteren, en word je ineens meegesleept in een serie herinneringen van je kleutertijd. Dat is allemaal prima. Het brein doet wat het doet. Soms doet het raar en dat is oké. Het is een complex orgaan, en je hoeft niet altijd te begrijpen waarom dingen gebeuren zolang je maar weet hoe je ermee om kunt gaan.

Breng je focus steeds weer terug naar je mantra. Als dat niet lukt, omdat je echt overweldigd raakt door emoties, kort je meditatie dan gerust in. Opnieuw: je wilt lief voor jezelf zijn en we hoeven niets te forceren. Als het vandaag te heftig is, probeer het dan morgen opnieuw met een kortere meditatie. Als je rustig doorgaat zullen de hobbels in de weg geleidelijk steeds kleiner worden, en zul je merken dat je meditaties je steeds meer zullen brengen.

Ik val steeds in slaap

Heb je de neiging om in slaap te vallen tijdens je meditaties? Dan is het misschien tijd om uit te zoeken welk tijdstip voor jou het meest effectief is. Zelf word ik ook weleens soezig als ik in de namiddag mediteer na een productieve werkdag. Er zijn een paar dingen die je kunt doen.

Ten eerste: moeheid is ook gewoon een sensatie die je kunt observeren. En door het te observeren kan het minder intens worden, zoals we eerder ook hebben gezien met lastige emoties. Maar als je merkt dat je steeds in slaap sukkelt om vervolgens wakker te schrikken, kort je meditatie dan in en maak er een punt van om meer slaap te krijgen 's nachts. Als je merkt dat je keer op keer in slaap valt, doe dan gerust een dutje voordat je gaat mediteren. We hebben vaak de neiging om onze moeheid te maskeren met koffie en mediaconsumptie, maar uiteindelijk is het natuurlijk veel effectiever om gewoon te zorgen voor voldoende slaap. Je kunt er ook voor kiezen om je meditatie in te ruilen voor een dutje, dan ben je in ieder geval uitgerust na je dutje en wellicht gaat het morgen dan beter.

Jezelf van tevoren wakkerschudden is een andere optie. Bijvoorbeeld door wat beweging te pakken. Even lekker dansen op leuke muziek of een paar push-ups doen kan het verschil maken tussen een fijne meditatie of constant wegsukkelen. En verder: wees niet te streng voor jezelf. Ja, je bent moe – geen probleem. Gebruik dat inzicht als aanleiding om beter voor jezelf te zorgen, niet om jezelf naar beneden te halen omdat je nu je meditatie niet kunt 'afvinken'.

Ik voel me rusteloos

Geen zorgen, je bent niet alleen. Als je rusteloosheid ervaart hoef je niet direct je meditatie af te breken. Net als bij de sensatie van saaiheid kun je simpelweg de rusteloosheid observeren. Breng je aandacht ernaartoe en voel wat er te voelen valt. Rusteloosheid is best interessant als je er goed naar kijkt. En wanneer je wat langer kijkt merk je dat rusteloosheid al snel verdwijnt en plaatsmaakt voor kalmte.

Zodra dat gebeurt keer je weer terug naar je mantra, zoals altijd.

Ik laat me steeds meeslepen door gedachten

Dit overkomt ons allemaal. Zodra je beseft dat je jezelf hebt laten meeslepen door je gedachten breng je je aandacht simpelweg terug naar je mantra. Haal jezelf niet naar beneden en word niet boos op jezelf. Dit is allemaal onderdeel van het proces. Je herhaalt je mantra, je raakt afgeleid, je herkent de afleiding en je komt terug bij je mantra.

Dit is hoe je je brein traint. Dit is hoe je beter wordt in mediteren. Dit is precies waar het allemaal om draait, om bewust worden van wat er gebeurt en je aandacht kunnen sturen. Dus wees niet ontmoedigd, wees blij!

Ik vind deze meditatie niet zo fijn

Geen zorgen. Er is geen enkele meditatie die past bij ieder mens, of bij elke levensfase. Soms merk je gewoon dat het even niet 'klikt', en dan is het fijn om alternatieven te hebben.

Het principe is hetzelfde voor iedere vorm van meditatie. Kies een meditatieobject en breng je aandacht steeds opnieuw terug naar dit object. Als een mantra niet werkt voor jou, selecteer dan gewoon een ander meditatieobject.

Wat zijn je opties? Ik kan je aanraden om *mindfulnessmeditatie* te gebruiken als tweede techniek. In mindfulnessmeditatie gebruik je bijvoorbeeld je ademhaling als meditatieobject, maar het kan ook iets anders zijn. Zoals de sensatie van je billen op het zitoppervlak of de geluiden in je omgeving. Je legt je aandacht dus juist heel bewust *buiten* je hoofd.

Het fijne aan mindfulnessmeditatie is dat het minder intensief is. Hierdoor is het een goede keuze als mantrameditatie ingewikkelde gevoelens teweegbrengt. Je kunt deze vorm van meditatie zonder problemen een uur of langer beoefenen. Je kunt ook rustig wisselen van meditatietechniek wanneer dat prettiger voelt.

Zelf gebruik ik mindfulnessmeditatie vaak als ik minder tijd heb, of als ik ergens moet wachten. Dan breng ik mijn aandacht naar de sensatie van de stromende lucht langs mijn neusvleugels en probeer ik mijn aandacht daar zo lang mogelijk te houden. Als mijn aandacht wegglijdt, breng ik die – zodra ik het opmerk – terug naar mijn neusvleugels. Simpel.

Waarom adviseer ik toch om te beginnen met mantrameditatie? Vooral omdat deze vorm van meditatie meer 'punch' heeft en je sneller richting innerlijke stilte sleurt. Maar voel je vrij om te experimenteren. Het gaat er vooral om dat je je goed voelt bij de meditatietechniek die je kiest en dat het je vooruithelpt in je persoonlijke groei.

Ik gebruik graag geleide meditaties

Oké, heel goed. Geleide meditaties kunnen onwijs behulpzaam zijn om je eerste stappen te zetten in meditatie. Je kunt het zien als mediteren met zijwieltjes. En wanneer je voldoende ervaring hebt opgebouwd kun je de zijwieltjes losschroeven en op eigen kracht verdergaan.

Begrijp me goed: er is niets mis met zijwieltjes. Het is onmisbaar gereedschap wanneer je wilt leren fietsen. Maar het is ook belangrijk dat je inziet dat er een tijd komt dat je je zijwieltjes mag loslaten om zelfstandig door te groeien.

Geleide meditaties helpen je op weg, totdat ze je beginnen te belemmeren. Daarbij is het belangrijk om te zien dat het overgrote deel van geleide meditaties eigenlijk ontspanningsoefeningen zijn. Opnieuw: niets mis mee. Maar het is een ander pad.

Zie het zo: jij wilt naar Amsterdam en ik wil naar Parijs. Als we allebei vanuit Rotterdam vertrekken dan ziet het begin van de route er vrijwel hetzelfde uit. We rijden door de stad, langs dezelfde gebouwen richting dezelfde oprit naar de snelweg. Maar hoe verder we komen in onze reis, des te minder onze trajecten op elkaar lijken. Het duurt niet lang voordat we allebei een andere kant op gaan en een compleet andere route afleggen.

Geleide meditaties en ontspanningsoefeningen zijn niet hetzelfde als mediteren zoals ik het hier omschrijf. Ze lijken op elkaar bij het startpunt. Beide maken je ontspannen, beide doe je alleen en in stilte, beide zien er van buitenaf grofweg hetzelfde uit. Maar hoe verder je komt, des te duidelijker je begint te zien dat ontspanningsoefeningen zijn als de Sprinter en meditatie als de Thalys. Ze vertrekken van hetzelfde station, maar ze leggen twee heel verschillende reizen af. De één blijft rustig tuffen in de regio, de ander legt een half continent af in een dag en heeft bovendien een restaurant aan boord.

Het zijn beide zeer nuttige vervoersmiddelen, maar ze bestaan om verschillende redenen. Dus voel je niet bezwaard als je de Sprinter gebruikt om op Rotterdam Centraal te komen. Maar als je echt vooruit wilt komen, stap je daar over op de Thalys. Durf die zijwieltjes los te laten, en begin te oefenen met je eerste sessies. Proberen kan geen kwaad.

En hoe verweef ik deze gewoonte in mijn leven?

Geen zorgen, in deel 3 laat ik zien hoe je deze nieuwe gewoonte moeiteloos verweeft in je leven. Zoals beloofd: ook als je het druk hebt, ook als je kinderen hebt en ook als je liever Netflix kijkt. Laten we het allemaal niet onnodig moeilijk maken voor onszelf, laten we het vooral makkelijk maken.

Maar eerst gaan we even verder. Want ik kan wel zeggen dat je nu moet stoppen met lezen om te gaan mediteren, maar we weten allebei dat je dat toch niet gaat doen. Dus voel je niet bezwaard. Lees het boek eerst uit als je wilt. We sluiten af met een hele berg praktische tips zodat je direct aan de slag kunt.

Nu wil ik het eerst met je hebben over mindfulness, want het is belangrijk dat je dat goed begrijpt voordat we verdergaan.

DUS?

- Dus mediteren is simpeler dan het lijkt. Kies een meditatieobject en richt daar je aandacht op. Als je aandacht wegglijdt, breng hem dan keer op keer terug op je meditatieobject.
- Met een simpele mantrameditatie kun je innerlijke stilte realiseren in weinig tijd.
- Gebruik het mantra *I AM* als meditatieobject, en blijf je aandacht keer op keer terugbrengen.
- Val gerust terug op mindfulnessmeditatie als deze techniek niet lekker werkt voor jou.

In je eigen windmachine

Heb je nog meer vragen over deze of andere vormen van meditatie? In je eigen windmachine vind je nog meer vragen, antwoorden en veelvoorkomende problemen.

sochicken.nl/windmachine

4

WAAROM MINDFULNESS LEUKER (EN GEKKER) IS DAN JE DENKT

Terwijl je dit leest is het niet straks. En het is ook niet zojuist. Deze letters lees je *nu*.

Dat kan ook niet anders, want *nu* is het enige wat er is. Dat heb je natuurlijk al vaker gelezen. En ik weet dat het klinkt als een open deur. Maar naast een open deur is het ook één van de meest bijzondere inzichten die je kunt ontwikkelen. Mits je het echt goed tot je door laat dringen. Het heeft voor mij ook een tijdje geduurd, hoor, voordat ik het echt zag. Want ik las er natuurlijk wel over. Beetje Eckhart Tolle, beetje mindfulnesstoestanden, mediteren, je kent het wel. En het lukte me steeds beter om in het 'hier en nu' te zijn. En dat is fijn, want mindfulness zorgt voor een hoop rust. En logisch, want het betekent dat ik me even een paar minuten niet laat meeslepen door al die chaotische gedachten in m'n hoofd.

Want het is leuk en aardig om een creatieve aanleg te hebben. En ik ben er echt dankbaar voor enzo. Maar creativiteit draait voornamelijk om het leggen van nieuwe verbanden. En dat is dus ook wat mijn brein continu doet. Het ziet iets, en het legt meteen tientallen verbanden. Het begint met *Waarom drukt het knopje op de afstandsbediening ineens wat minder lekker in?* en het eindigt met allerlei herinneringen van een of andere vakantie in Frankrijk toen ik zes was. Waarna ik ineens 'wakker schrik' om me te realiseren dat ik even een paar minuten in gedachten verzonken was.

Mindfulness helpt hierbij. Het helpt om dat stemmetje in je hoofd even te kalmeren. Dus ik ben fan. En ik denk dat jij dat ook zou moeten zijn, want mindfulness kan je helpen je stressniveau behoorlijk te verlagen en de realiteit meer te omarmen zoals ze komt. Lekker rustig.

Maar het helpt je nog niet per definitie inzien dat het *nu* het enige is wat er is. En dat is een belangrijk inzicht om te ontwikkelen, dus laten we eens kijken hoe dat zit.

Gedachten zijn gewoon sensaties

Zoals we eerder al zagen: *gedachten zijn gewoon sensaties*. Gewoon wolken aan de lucht. Ze komen en gaan, en hebben van zichzelf weinig tot geen substantie. En dat klinkt op zichzelf fijn en rustgevend. Want het betekent dat je je niet constant zo druk hoeft te maken over iedere wolk die langs wappert. Het is opnieuw gewoon een gedachte. Je kunt er diep op ingaan en je laten meevoeren in het eindeloze konijnenhol. Of je observeert hoe de gedachte komt maar ook weer gaat. Niets aan de hand.

Laten we nu eens kijken naar het *hier en nu*. Dit moment. Je brengt het door met mij, met deze woorden. Dus je bent aan het lezen. Dit is het *hier en nu*. Simpel. Je zit ergens op met je bips, je hebt dit boek in je handen, je voelt hoe je buik op en neer beweegt met iedere ademhaling. Je hoort het stemmetje in je hoofd meelezen met deze tekst. Er is iets te zien om je heen. Je voelt een bepaalde temperatuur op je huid. Misschien ruik je iets, je hoort geluiden. Allemaal *nu*.

Weet je nog hoe je niet zo lang geleden ook aan het lezen was? Hoe je dit boek las, of misschien een ander boek? Kun je het je voor de geest halen? In welke omgeving zat je, hoe was je humeur, wat vond je van het boek? Toen voelde je ook je bips, hoorde je ook geluiden en was er ook iets te zien om je heen. Probeer die herinnering eens goed voor je te halen, dat is niet zo lastig.

Gelukt? Mooi. Het beeld dat nu bij je naar boven komt – die herinnering – dat is een *gedachte*. Meer niet. Je bent nog steeds in het *nu*, en je ervaart een gedachte. Gedachten die gaan over een moment dat niet bestaat, behalve als herinnering. Als een verzameling van gedachten.

En die gedachten zijn gewoon zoals alle andere gedachten – als scheten, zoals we al uitvoerig hebben doorgenomen.

En dat is grappig als je erover nadenkt. Alle momenten uit je leven – al die eerdere 'nu's' – zijn nu allemaal scheten. Niet meer dan wolken aan de lucht. Dat is niet erg, want je wist allang dat die vervlogen momenten niet meer terug zouden komen. Maar al die gedachten en herinneringen over die eerdere momenten geven ons ten onrechte het gevoel dat ze nog steeds bestaan.

Wat ga je morgen doen? Wat zijn je plannen? Ja, je stapt uit bed. Misschien ga je werken of ga je iets anders doen. Douchen? En waarschijnlijk iets eten? Misschien zie je al helemaal voor je hoe je dag zal verlopen. Je hebt een afspraak en je kunt nu al voor je halen hoe die afspraak zal verlopen. Je ziet het restaurant voor je, de vriendin met wie je afspreekt, je ziet jezelf zitten. Opnieuw – dit hele plaatje is opgebouwd uit enkel gedachten. Nog meer scheten. Want morgen is niet meer dan een gedachte. Morgen bestaat niet. Want zodra het morgen is, is het weer nu. Precies zoals het altijd is.

Het verleden is weg. Het enige wat er overblijft zijn gedachten en herinneringen – gedachten die je alleen in het *nu* kunt ervaren. De toekomst bestaat niet. Het enige wat er is zijn gedachten en verwachtingen. Het enige wat bestaat – het enige wat je direct kunt waarnemen met al je zintuigen – is het *hier en nu*. Waar je ook bent, wat je ook doet. Het antwoord is altijd hetzelfde: waar ben je? *Hier*. Welke tijd is het? *Nu*. Dit was waar voor Neil Armstrong toen hij in 1969 zijn eerste stap op de maan zette, en het is waar voor je kleinkinderen wanneer ze in 2040 hun eerste stappen op onze kersverse maankolonie zetten.

Hier en nu. Nooit straks, nooit zojuist. Nooit daarzo. Want al die dingen zijn slechts gedachten in je hoofd. Meer scheten.

En wat moet ik met dit inzicht?

Je moet er niets mee. Ik moest er een beetje om lachen toen het kwartje viel. Vooral omdat ik – ondanks mijn beoefening van mindfulness – behoorlijk vaak verwikkeld was in gedachten over de toekomst. Ik gebruikte mindfulness als een 'vlucht' uit mijn hoofd. En dat is op zichzelf geen probleem, maar destijds zag ik het als een zeer serieuze aangelegenheid. Want de toekomst komt eraan, dus ik moet voorbereid zijn! En nu doe ik het nog steeds, en zie ik het meer als entertainment. Omdat ik me realiseer dat het uiteindelijk niet echt waar is.

Nu zie ik mindfulness meer als *logisch*. Want het heeft zo weinig zin om me eindeloos te vermaken met gedachten over dat wat 'was' en dat wat 'zou kunnen zijn'. Steeds als ik me laat meeslepen voel ik me vooral onrustig, en dat helpt me niet vooruit richting innerlijke rust. Dus geniet ik maar gewoon van wat er nu te beleven valt.

Onrust, stress, angst – negatieve emoties. Het zijn onze alarmbellen die aangeven dat we geloven in een gedachte die ons niet dient. Dat onze aandacht is verplaatst richting een scheet en niet meer rust in het moment.

En dat is de grap. Want hoewel we altijd het idee hebben dat 'straks' heel belangrijk is, bestaat er alleen nu. En wanneer je dat beseft, voelt het ineens als waanzin om een moment te bestempelen als 'niet goed genoeg'. *Want er is niets anders*. Je bent gewoon aan het *zijn*. Aan het bestaan. Aan het bewust-zijn.

Dat is al bijzonder genoeg. Want het is het minst vanzelfsprekende element van ons hele leven. Hoe kalmer je jezelf kunt maken, des te duidelijker dit voor je wordt. Des te minder je nodig hebt om gefascineerd te zijn door je leven. Dat is ook wat wijze mensen bedoelen als ze het hebben over teruggaan naar het kind in jezelf. Als kind ben je niet bezig met de toekomst of het verleden. Als kind leef je in het moment en vind je altijd wel iets om je over te verwonderen. Want de wereld is nog zonder labels, nog niet ingedeeld in handige hokjes waar stickers op zijn geplakt. Je bent het leven gewoon aan het ervaren, hier en nu. En dat gevoel raken we doorgaans kwijt wanneer we volwassen worden. Maar dat hoeft niet zo te zijn. Je kunt je kinderlijke fascinatie en onschuld terugvinden door het moment te zien voor wat het is. Een stroom van bewustzijn gevuld met allerlei sensaties.

Je bestaat. En je ervaart aanraking, zicht, geluid, geur, smaak, warmte, gevoelens en gedachten. Soms voelen die sensaties heel aangenaam, soms voelen ze minder aangenaam. Gedachten komen, je lichaam doet zijn ding, je leven ontvouwt zich voor je. Wind waait, wolken passeren, zonnestralen schijnen op je huid. Het *hier en nu* is er altijd en overal waar jij bent. En je hoeft er veel minder voor te doen dan je zou verwachten. Het is er gewoon – jij bent er gewoon. Ook als je in gedachten verzonken bent. Ook als je droomt over morgen en de dag daarna. Het is *nu* en je bent waar je bent.

Jaren geleden zag ik een documentaire over een of andere goeroe in India. Die goeroe had geen huis, geen plek voor zichzelf. Nee, elke dag opnieuw overnachtte hij bij een van zijn volgers. Hij reisde constant rond, en elke nacht maakte hij gebruik van de gastvrijheid van zijn publiek.

En dat is allemaal leuk en aardig, totdat je bedenkt dat zo'n man elke dag in een vreemd bed slaapt, omringd door steeds andere mensen. Weinig tot geen privacy, weinig stabiliteit, weinig rust. Ik heb redelijk wat ervaring met CouchSurfen – slapen op de bank bij mensen die online een bed aanbieden. En hoewel ik het een geweldige manier vind om meer diepgang te geven aan mijn reizen en leuke mensen te leren kennen, kan ik me niet voorstellen dat ik dit een paar jaar lang dagelijks zou kunnen doen. Want op een gegeven moment wil je ook gewoon een keer met je benen languit in je huispak op de bank hangen onder een kleedje en luidkeels meezingen met *La La Land* – maar dat is heel persoonlijk misschien.

Maar goed, er werd dus naar gevraagd in dat programma. Want we willen het weten – hoe houdt die man dat vol? Wat vindt hij er nou van om zichzelf elke dag van hot naar her te moeten slepen, en steeds maar weer bij andere mensen te moeten slapen die heel lief zijn, maar bij wie je niet in je huispak op de bank gaat liggen? Zijn antwoord zal ik nooit vergeten. Omdat het voor mij perfect samenvat wat de essentie is van wat ik hier vertel: 'Er is geen morgen, er is alleen nu. Ik leef alleen in dit moment. Ik denk niet na over waar ik gisteren sliep of waar ik morgen zal slapen. Dus kost het me geen moeite.'

Logisch natuurlijk. Je bent een goeroe of je bent het niet. En tegelijkertijd zo revolutionair. Er is alleen *nu*, de rest bestaat uit heel verleidelijke scheten. Het is de ultieme vorm van minimalisme, en wat mensen bedoelen met 'leven in de flow'. Eén eindeloos 'nu' dat zich voor je ogen ontvouwt – meer is er niet. De rest zit tussen je oren.

Veel denken aan het verleden of de toekomst brengt ons stress, omdat het haaks staat op *dat wat is*. In je hoofd leven kost ontzettend veel energie. Je aandacht in het moment houden werkt ontspannend omdat het de moeiteloze realiteit is. Omdat je eindelijk het juiste gereedschap gebruikt voor de juiste klus. Problemen los je op met denken, en voor de rest is het effectiever om gewoon te ontspannen en te 'zijn'. Dat zijn we niet gewend. Althans, niet als volwassenen. Maar we kunnen er beter in worden. Elke kleine stap in die richting maakt je leven direct een stukje beter.

En niet alleen dat – het maakt je leven ook een stuk duidelijker. Want je begint ineens te zien hoe vernuftig het allemaal werkt. Er komen gedachten, je duikt erin, je neemt ze serieus en je ervaart allerlei gevoelens. In je verbeelding reis je terug naar het verleden en naar de toekomst. Je praat in jezelf en houdt jezelf eindeloos bezig met verschillende scenario's en plannen. En terwijl je dat doet, terwijl je zo druk bezig bent in je hoofd, verandert er helemaal niets. Het is nog steeds *nu* en je bent nog steeds hier. Zoveel drama, zoveel gedoe. Maar hoe beter je kijkt, des te beter je ziet dat het allemaal afleiding is. Allemaal drama.

Afleiding van wat? Afleiding van *dat wat is*, van het simpele moment dat je nu kunt waarnemen. Het moment waarin je duidelijk kunt zien dat je niet je gedachten bent. En dat is ook meteen de reden dat ons brein zo blij is om even niet in het moment te leven. Want ja – als je niet je gedachten bent, als je niet het verhaal bent dat je in je hoofd over jezelf vertelt – wat ben je dan wel? Dat blijkt een vraag waar we liever van weglopen. Want het antwoord op die vraag is misschien minder romantisch dan we ons voorstellen. En dat is precies waar we naartoe werken als we vaker mediteren. Je bent niet de wolken, je bent de blauwe lucht – altijd stil, altijd hetzelfde, altijd zonder drama.

Best rustgevend – en ja, tegelijkertijd een beetje saai voor sommige mensen. Want drama geeft kleur aan het leven. Hier gaan we later dieper op in.

Is dit dan spiritualiteit?

Mijn vorige boek *Steeds leuker* werd in 2018 de verrassende winnaar van de Beste Spirituele Boek-award, uitgereikt door Daphne Deckers. Ik kwam met m'n snoet op landelijke televisie en het bracht een hoop mensen in de war dat juist dit boek de prijs won.

Ik begrijp best wel waarom mensen in de war raakten; mijn teksten passen niet tussen de spirituele poespas die we veelal voorbij zien komen in de boekhandel. Er zijn geen kristallen die worden opgeladen bij maanlicht, geen mooie bijbelverhalen, geen geneuzel over karma, vorige levens of andere guitigheid. Ja, er zit wel wat wolligheid in natuurlijk. Want ik wil onze samenleving een liefdevollere plek maken, en dat is op zichzelf een vrij zweverig doel, afhankelijk van hoe je het bekijkt. Ik heb dit doel gekozen omdat ik observeer dat een liefdevolle houding goed werkt. Zowel richting onszelf als richting elkaar. Het werkt goed, gezien de doelen die we willen bereiken: innerlijke rust, vrede, groei, duurzaamheid, gelijkwaardigheid, respect, gezondheid – al die mooie dingen. Verder is het maar gewoon een doel, en ik had ook een ander doel kunnen kiezen. Maar ik koos liefde, want liefde maakt me blij. En blij zijn vind ik fijn – dus als ik ergens voor kan kiezen, kies ik daarvoor.

Prima. Maar wat is spiritualiteit dan? Wat mij betreft is het erg eenvoudig. Spiritualiteit is precies wat ik hierboven omschrijf: zien wat is, meer niet. Het is niet een verzameling van overtuigingen die je erbij neemt. Het draait niet om geloven in nog meer dingen. Nee, juist het tegenovergestelde. Het draait om het overboord gooien van overtuigingen, om het elimineren van je speciale band met de gedachten in je hoofd. Je hebt er niets aan om te 'geloven' in het *hier en nu*, om te geloven in mindfulness.

Stel dat je heel erg dorstig bent. Je kunt best geloven dat een glas water dorstlessend is, maar wat heb je daaraan? Het ervaren van dorstlessende gedachten is totaal anders dan de ervaring van het daadwerkelijk drinken van een glas water.

Het is allemaal heel inspirerend om de wijze woorden te lezen van mensen die iets te vertellen hebben, maar het feest begint pas voor jou als je zelf op je bips gaat zitten en die klittenboel in je hoofd voor jezelf uit de war gaat halen. Want heel fijn dat anderen begrijpen hoe het zit, maar daar schiet jij niets mee op als er hierdoor alleen maar meer nieuwe gedachten en overtuigingen worden toegevoegd.

Wiskunde begrijp je niet door er een boek over te lezen. Wiskunde leer je begrijpen door het te doen. Althans, dat heb ik me laten vertellen. Want die vlieger ging voor mij niet op – ik was niet zo goed in wiskunde. Maar het is waar: je moet zelf de berekeningen maken, zelf de formules uitvoeren. Het draait niet om het antwoord, het draait om het proces dat je naar het antwoord brengt.

Spiritualiteit is, wat mij betreft, observeren wat is en je daaraan durven overgeven. Zonder nog meer sprookjes te bedenken en nog meer eeuwenoude boeken te verslinden. Zonder te oordelen, zonder verwachtingen te hebben. Gewoon 'zijn', en het leven zich laten ontvouwen. En inzien dat het geen zin heeft om je te verzetten tegen *dat wat is*, omdat het er nu eenmaal is. Daarom is accepteren en jezelf eraan overgeven de enige logische reactie.

Spiritualiteit is fris, altijd nieuw, constant actueel. Leer inzien dat jij niet je gedachten bent en stop je gedachten zo serieus te nemen. Realiseer je dat tijd vooral heel relatief is en alleen het *hier en nu* echt waarneembaar is. En kijk met verwondering en dankbaarheid om je heen naar deze hele pannenkoekenshow die we ons leven noemen.

En heb er vooral een beetje lol mee. Want zodra je begint te zien dat je niet je gedachten bent, worden zelfs de negatieve gedachten ineens een stuk grappiger.

Mindfulness is wat overblijft als je je gedachten niet meer zo serieus neemt

Als je stopt met geloven dat de dingen die je denkt waar zijn of al je aandacht verdienen. Best elegant hoe dat werkt, en veel simpeler dan de meeste mensen verwachten.

Klinkt goed – laten we eens uitzoeken hoe we dit verhaal kunnen toepassen in ons dagelijks leven. Want er zijn een aantal plekken in ieders leven waar regelmatig drama en tegenwind ontstaan. Door op een nieuwe manier met deze knelpunten om te gaan (en onze simpele meditatie te gebruiken als gereedschap om vooruit te komen) kunnen we de tegenwind stap voor stap wegnemen. Te beginnen met onze weerstand tegen de realiteit die we niet kunnen veranderen in een hoofdstuk dat je niet wilt lezen.

DUS?

- Dus de gedachten die je hebt over het verleden en de toekomst zijn precies dat – gedachten.
- In werkelijkheid is alleen *hier en nu* waarneembaar. De rest bestaat uit scheten in je hoofd.
- Spiritualiteit is – wat mij betreft – inzien dat gedachten gewoon scheten zijn en stoppen ze zo serieus te nemen. Hierdoor kun je het *nu* zien zoals het is en je eraan overgeven. Simpel.
- Mindfulness is wat overblijft als je stopt met het geloven van je gedachten.

In je eigen windmachine

Vind je het lastig om écht te zien dat het *hier en nu* alles is wat er is? Log in op je eigen windmachine voor een oefening die je helpt dit inzicht voor jezelf te realiseren.

sochicken.nl/windmachine

Deel 2

Drama-loos leven

Er zijn een aantal gebieden in ons leven die vaak tegenwind veroorzaken. In dit deel onderzoeken we hoe je wind mee kunt ervaren door anders om te gaan met drama en problemen.

5
EEN HOOFDSTUK DAT JE NIET WILT LEZEN

Dit is zo'n hoofdstuk dat je eigenlijk niet wilt lezen. Maar als je het dan leest, ben je achteraf blij dat je het gedaan hebt. Een beetje zoals je eigenlijk de vaatwasser niet wilt uitruimen, maar uiteindelijk tevreden bent als het erop zit. Want soms helpt het ontzettend om moeilijke dingen onder ogen te zien. En heel soms – als we heel goed kijken – ontdekken we dat moeilijke dingen uiteindelijk helemaal niet zo moeilijk zijn.

Dingen zijn moeilijk omdat we moeilijke gedachten denken. Laten we die gedachten weg, dan zijn dingen gewoon dingen. Simpele gebeurtenissen in je leven. Niet meer en niet minder. Wanneer we het drama achterwege laten kunnen we zien wat er te zien valt.

En het is ook beter dat we die vaardigheid ontwikkelen. Want hoe duidelijker we ons leven zien zoals het is, des te leuker het voelt. Waarom? Omdat het zien van de realiteit je helpt en motiveert om keuzes te maken die je dienen. En ik ga je laten zien hoe dat in zijn werk gaat. Maar eerst wil ik eens met je kijken naar een belangrijk inzicht dat we bijna allemaal op een dagelijkse basis over het hoofd zien. Slechts heel af en toe laten we het goed tot ons doordringen. En op zulke momenten voelt het zo overweldigend dat we snel afleiding zoeken zodat we er niet meer aan hoeven te denken.

En dat is prima. Dat is één manier om ermee om te gaan. Maar er zijn andere manieren. Dit mogelijk lastige inzicht kan namelijk een bron vormen van een eindeloze hoeveelheid levenslust, dankbaarheid en liefde voor alles om je heen.

Dus laten we eens kijken. Wat is dit inzicht waar we allemaal het liefst voor wegrennen?

Het inzicht waar we allemaal het liefst voor wegrennen

Tijdelijkheid – dat is waar we liever niet mee geconfronteerd worden. *Alles is tijdelijk*. Niets in dit universum is permanent.

De aarde waarover je loopt bestond een paar miljard jaar geleden niet. En het is nog niet eens zo lang geleden dat er niet eens mensen op rondliepen. Een rots vol met algen, dat is wat onze planeet voornamelijk is geweest. Dat hele gedoe met mensen, vliegtuigen en smartphones – dat is iets heel nieuws.

Maar het zal allemaal voorbijgaan. Niet alleen jouw en mijn leven. Maar alles. De zon zal ophouden met normaal doen, en zal opzwellen en het hele zonnestelsel opslokken. De melkweg zal versmelten met onze intergalactische buurvrouw. En uiteindelijk zal het heelal zover uitdijen dat de ruimte tussen sterren en planeten zo groot wordt dat de twinkelende sterrenhemel plaatsmaakt voor complete duisternis. Zwarte gaten, compleet isolement, en verder vooral een heleboel niets – dat is wat de toekomst volgens astronomen en natuurkundigen in petto heeft.

Nu is het niet gezegd dat daarmee de kous af is. Het zou heel goed kunnen dat we dankzij onvoorstelbare technologie nog miljarden jaren kunnen vertoeven rond een zwart gat. Maar misschien ook niet. En het maakt niet zoveel uit, omdat de praktische waarde hiervan op dit moment niet zo heel groot is. Het punt is simpel en onvermijdelijk: alles is eindig. Niets is permanent.

In het Westen zien we dat als een groot probleem. Als een obstakel dat we moeten overwinnen. En ik moet zeggen, ik ben helemaal voor het verlengen van onze levensduur en het omkeren van veroudering. Maar zelfs als je 120, 300 of 1.000 jaar oud kunt worden – het verandert niets aan die ene realiteit. Je leven is langer – en dat is wellicht fijn – maar het is nog altijd eindig. Want ooit eindigt het universum. En de kans dat je het miljarden jaren volhoudt op antiverouderingstabletten is sowieso twijfelachtig. Vroeg of laat kom je toch een keer onder een intergalactisch ruimteschip terecht. Of onder een met kernfusie aangedreven e-bike – net zo dramatisch.

De stoel waarop je zit is tijdelijk. Het toetsenbord waarop ik typ is tijdelijk. En hoewel dit boek in digitale vorm mogelijk langer bewaard blijft dan de Veda's of de schatten uit het oude Egypte is niets in dit materiële universum voor altijd. En dat is prima.

En ook al was het niet prima – dan was het tóch. We hebben maar één optie en dat is acceptatie. Net zoals je je nooit druk hebt gemaakt over het feit dat mensen doorgaans worden geboren met slechts twee armen, en niet drie. Of dat de lucht blauw is en niet groen. En dat we maar twee ogen hebben, waarmee we niet eens infrarood kunnen zien.

Dat zijn dingen die je gewoon accepteert. Het is niet anders. Je denkt er nooit over na dat het ook anders had kunnen zijn. Maar als het om vergankelijkheid gaat, krijgen we ineens het gevoel dat we het kunnen negeren. We durven het niet recht in de ogen aan te kijken omdat het idee van 'niet langer bestaan' ondraaglijk voelt. Dus rennen we ervoor weg.

En dat is – als je het mij vraagt – geen goed plan. Want een duidelijk en alledaags besef van vergankelijkheid helpt je je leven zoveel mooier te maken.

Hoe we ons gedragen als we alles voor lief nemen

Het is niet raar, hoor, we doen het allemaal. We gaan door onze dag en nemen de meeste dingen in ons leven voor lief. Niet alleen de dingen die we allemaal krijgen. Zoals gratis en onbeperkt zuurstof, slechte televisieprogramma's en een nieuwe dag om ons leven te leven op deze ruimterots. Maar we zien ook de minder vanzelfsprekende aspecten van ons leven als vanzelfsprekend.

Je zult niet de eerste zijn die 's ochtends bij het ontwaken niet eens aandacht schenkt aan de persoon die naast je wakker ligt te worden. Die een beetje onaardig doet tegen haar kinderen die eigenlijk alles voor haar betekenen. Of de deur uit stapt en niet beseft hoe bijzonder het is om te bestaan in een wereld met deuren, huizen, auto's, telefoons, andere mensen, dieren, steden en het internet.

We gebruiken het internet alsof het er altijd geweest is. Alsof er nooit een tijd was waarin we naar een bibliotheek moesten fietsen als we een werkstuk voor school moesten maken. Fatsoenlijke fietsen bestonden niet eens tot 1880! Kun je het je voorstellen? De eerste mensen die introkken in ons huisje in Delft – dat werd opgeleverd rond 1870 – leefden in een wereld zonder fietsen. Gek.

Maar we vinden het allemaal normaal en vanzelfsprekend. Vanzelfsprekend dat we vrienden hebben, dat ze er voor ons zijn als we het moeilijk hebben. Logisch dat we weer ontwaken nadat we zijn gaan slapen. Niet meer dan normaal dat we in een auto stappen en onderweg naar een afspraak in de file mogen staan met duizenden andere mensen die ook in auto's onderweg zijn naar afspraken en ook in diezelfde file mogen staan.

Dat we stoppen voor rood licht, dat we niet de vluchtstrook pakken, dat we elektriciteit hebben en dat vroeger niet hadden, dat we nu ook elektrische auto's hebben met internetverbinding en digitale neurale netwerken. Dat we ons lichaam bewegen, dingen kunnen creëren, emoties kunnen ervaren, kunnen zien en beleven wat er te beleven valt.

Dat bomen bestaan en bladeren prachtig verkleuren en van de boom vallen. En vervolgens weer aangroeien! Dat kleine kinderen hele grote volwassenen worden. Dat rupsen vlinders worden en bananenbomen tegenwoordig ook gewoon in Nederland in de tuin groeien.

Gekkigheid. En we vinden het allemaal vanzelfsprekend. Maar niets van deze dingen hoort in die categorie thuis als je het mij vraagt. Op een fiets, door de stad, in de regen, langs de bomen, met een smartphone in je zak, omringd door mensen en dieren, een hoofd vol met plannen, in een kort maar intens leven op een kleine planeet in een uithoek van een willekeurig sterrenstelsel in een schijnbaar oneindig heelal waarin we tot dusver geen andere planeten met fietsen en smartphones hebben aangetroffen.

Dat is een wonder.

Elk moment is een wonder. En dat is wat dit inzicht je kan helpen inzien.

Hoe tijdelijkheid je helpt betere keuzes te maken

Kijk, mensen zien me als iemand die gezelligheid en positiviteit komt brengen. En daarom word ik regelmatig gevraagd om een 'inspirerende sessie' te verzorgen bij bedrijven, bibliotheken, noem maar op. Superleuk. En ik maak het ook leuk. Met grapjes en allerhande luchtigheden. Want ik vind het niet nodig om het leven onnodig serieus te nemen. Want ik zeg altijd maar zo: het leven is een pannenkoek.

Maar dan sta ik voor een zaal vol met blije gezichten. Een zaal vol mensen die verwachten dat ik ze ga voorzien van gezellige, positieve, luchtige tips om het leven leuker te maken. En dan ineens kom ik met deze slide:

Je leven is niet eindeloos.

En steevast als ik dit zeg wordt het ijzig stil, waarna zich zoveel spanning opbouwt dat mensen spontaan beginnen te kletsen om de spanning te ontladen. Ik kan het aan de gezichten aflezen: *Serieus? Ik ben al m'n hele leven afleiding aan het zoeken zodat ik dit simpele feit lekker kan negeren – moet je dit omhooghalen?*

Maar weet je wat altijd helpt? Ik roep het met een glimlach. En dat doe ik niet voor niets. Want ik vind dat dit inzicht je kan helpen een geweldig leven vorm te geven. Sterker nog – ik denk dat dit inzicht een onmisbaar fundament vormt onder een goed leven. Waarom? Omdat je eigen tijdelijkheid je doet realiseren dat elk moment waardevol is. Dat er niet zoiets bestaat als vanzelfsprekend. Dat het leven – dat elk moment in je leven – een unieke en eenmalige kans is om te ervaren wat er te ervaren valt. Wenselijk of onwenselijk, interessant of saai – deze kans is er alleen nu en daarna niet meer.

Het is een van die dingen die we keer op keer horen van mensen die ernstig ziek zijn of juist op een haar na aan de dood ontsnappen. In het licht van hun vergankelijkheid zien ze vaak ineens hoe waardevol het leven is. En lukt het ze plotseling om met een veel dieper gevoel van waardering te leven. Dat gevoel van dankbaarheid en waardering kun je ook ervaren zonder slecht nieuws van de dokter. Het ontstaat vanzelf wanneer we stoppen ons leven te zien als vanzelfsprekend. Of je nu 40 of 340 jaar mag doorbrengen in deze vorm in dit universum – tijdelijkheid draag je altijd bij je. Je schudt het niet van je af, hoe hard je ook schudt. En dus kun je maar beter stoppen met schudden en beginnen met omarmen. En deze waarheid gebruiken als gereedschap om je leven beter te maken.

Hoe doe je dat? In de eerste plaats door je bewust te zijn van de tijdelijkheid en vergankelijkheid van ieder moment. En in de tweede plaats door dit besef te gebruiken om veel meer waardering en dankbaarheid te voelen. Want je kunt tijd niet doden – de tijd doodt jou.

Hoe hoofdpijn me gelukkiger maakte

Neem dit alledaagse voorbeeld. Laatst werd ik wakker met hoofdpijn. Dat kan gebeuren, daar heeft iedereen weleens last van. Dus ik stond op en dacht: *Ik zal wel te weinig water hebben gedronken.* Dus ik drink een paar glazen water, pak wat te eten, maar het werd niet beter. Mijn hoofdpijn werd steeds heftiger, dus ik nam een paracetamol in. En toen werd ik misselijk. En ik weet niet hoe jij wordt als je je misselijk voelt, maar ik ga me dan – aldus Billy – ontzettend aanstellen. Ik voelde me belabberd. De hoofdpijn werd sterker en ik voelde me steeds vreemder in mijn maag.

Dus ik kroop in bed, in de hoop dat een beetje rust de ellende zou doen oplossen. Maar dat gebeurde niet. En terwijl ik daar lag, moest ik denken aan het leven. Aan hoe bizar het ineens voelt om gewoon vrolijk door de dag te gaan. Om klusjes in huis te doen. Om naar de stad te fietsen en boodschappen te halen. Al die dingen leken me vreselijk. Ik voelde me zo ellendig dat ik me niet kon voorstellen dat ik die dingen ooit nog met plezier zou doen. Ik kon niet eens het daglicht verdragen, laat staan dat ik naar buiten zou gaan. Ik kon me niet voorstellen dat ik me ooit niet meer zo zou voelen.

De enige keuze die ik leek te hebben is me gewoon volledig overgeven aan de situatie. Ik besloot te stoppen met worstelen en mezelf zielig vinden, en mijn lichaam volledig te ontspannen. Ik ademde diep in en uit, en voelde hoe mijn lijf ontspande. Vervolgens draaide natuurlijk meteen m'n maag om, want dat is wat m'n lijf al een uur geleden wilde doen. Prima. Ik viel in slaap, en werd een uur later wakker. En ik voelde me een heel stuk beter. Sterker nog – ik voelde me dolgelukkig.

De pijn was weg, dat was fijn. Maar ik voelde ook ineens zoveel meer waardering voor de kleine dingen – hoe belachelijk het ook klinkt. Sterker nog, tot een paar dagen daarna liep ik nog rond in een soort gloed van blijdschap. Ik genoot bijzonder intens van heel alledaagse dingen, zoals rondlopen in mijn huis, m'n tanden poetsen, wat eten klaarmaken, buiten in de regen lopen of gezellig kletsen met Billy. De normale dingen leken ineens speciaal omdat ik me realiseerde hoe fijn het leven is als ik me niet zo ellendig voel.

Het is dit sterke gevoel van waardering dat een besef van vergankelijkheid kan oproepen. Een gevoel van intense dankbaarheid voor hoe je leven zich ontvouwt van moment tot moment. Gewoon zijn – *gewoon bestaan* – is op zichzelf al een hele ervaring. En al die andere dingen die erbij komen maken het alleen maar specialer.

Dat klinkt misschien een beetje zweverig, maar ik zeg altijd maar zo: er zijn weinig dingen nuchterder dan inzichten verkregen tijdens flinke migraineaanvallen.

Japanners weten er wat leuks van te maken

Waardering voor vergankelijkheid is niets bijzonders. Onder anderen Japanners doen het al honderden jaren. *Wabi sabi* noemen ze het – het waarderen van de schoonheid in vergankelijkheid. Het draait om het zien van een schoonheid die imperfect, impermanent en incompleet is. En weet je wat grappig is? Hoe beter je wordt in het vinden en ervaren van wabi sabi, des te mooier de wereld om je heen wordt. Het helpt je de definitie van schoonheid en wenselijkheid veel breder te maken dan wat onze cultuur normaal gesproken voorschrijft. En dat betekent dat je plotseling overal om je heen schoonheid vindt. Ook op wat je normaal gesproken als de lelijkste plekken zou beschouwen.

Het daagt je uit om je labels van 'mooi' en 'lelijk' op te rekken en te evalueren. Is een vies koffiekopje lelijk? Wat nou als je zou bepalen dat het mooi is? En een tuin vol met onkruid of vieze ramen. Kun je daar schoonheid in vinden? En wat dacht je van je lichaam? Je eerste fijne lijntjes of diepe rimpels, de plekken op je been, die irritante vetrol, je rare moedervlek, je kale plek, die onbestemde uitslag op je voet. Kun je schoonheid zien in al deze dingen? Probeer het maar eens. Kijk in de spiegel en vraag je af: *Wat nou als ik deze dingen vanaf nu gewoon bestempel als mooi? Wat als ik het gewoon accepteer en waardeer, precies zoals het is?*

Nou – ik kan je vertellen wat er dan gebeurt. Dan kun je eindelijk eens ontspannen. Dan kun je die hoge schouders laten zakken, even diep inademen en eindelijk gewoon even zijn wie en wat je bent.

Dan creëer je een kans om meer dankbaarheid en waardering te voelen – ook voor de ogenschijnlijk 'normale' of zelfs 'lelijke' dingen. Dan begin je steeds beter in te zien dat vergankelijkheid best oké is. Of – in ieder geval – dat het er is. En dat je geen andere optie hebt dan het accepteren en er het meest wenselijke resultaat uit te halen dat je kunt. En het beste dat je uit tijdelijkheid kunt halen is waardering en dankbaarheid voor zelfs de meest simpele dingen in je leven.

Want je leven is niet eindeloos. En je leven is niet vanzelfsprekend. Het is een wonder op een wonder op een wonder. Hoe dieper je erover nadenkt, des te wonderlijker het wordt. En des te bizarder het wordt dat je 's ochtends wakker wordt met een gevoel van vanzelfsprekendheid.

Dat neemt natuurlijk niet weg dat het nog steeds zal gebeuren. Ik ontwaak ook niet iedere ochtend met tranen in m'n ogen omdat ik het zo prachtig vind dat er wekkers bestaan die me kunnen laten ontwaken. Maar dat maakt niet uit. Het gaat erom dat je steeds vaker kunt stilstaan bij dit inzicht. Steeds vaker op kleine momenten gedurende je dag. Zodat je steeds beter wordt in genieten van 'normale dingen'.

Ik ben 32 als dit boek uitkomt. En ik begin al te merken dat tijd niet vanzelfsprekend is. Dat klinkt misschien vreemd als je al wat langer meegaat, maar misschien herken je het nog van toen je zelf mijn leeftijd had. Ineens begin ik te merken dat mijn ouders ouder worden, en dat ze niet voor altijd bij me zullen zijn bijvoorbeeld. Ik zie ook hoe mijn kleine neefje en nichtje ineens de puberteit in gaan en rap richting volwassenheid bewegen. En ik heb inmiddels een fotocollectie opgebouwd van meer dan een decennium 'volwassenheid' samen met Billy. En ik kijk naar die foto's – van ons eerste huisje bijvoorbeeld – en ik voel ineens hoe kort geleden het voelt maar hoe lang geleden het al is. En ik besef plotseling dat de tijd veel sneller gaat dan me lief is.

En al die dingen samen zorgen ervoor dat ik dieper geniet. Bijvoorbeeld wanneer ik met mijn ouders ben. Als de familie bij elkaar is, als ik samen met Billy ben. Omdat ik me keer op keer realiseer dat deze prachtige, fragiele situatie op ieder moment kan worden doorbroken. En dat het dan niet meer terugkomt. En als ik er nu niet van geniet, dan krijg ik die kans misschien nooit meer. Ik voel me dankbaar voor dit soort simpele momenten, omdat ik er alle reden toe heb.

Melancholie is niet mijn favoriete emotie. Maar waardevol is het wel. Het is niet wenselijk om erin te blijven hangen denk ik, maar het helpt absoluut om meer waardering te voelen voor het *hier en nu*. Voor wat er zich nu ontvouwt in je leven. Niet alleen is je leven tijdelijk, elk moment is ook slechts een moment dat je maar één keer ervaart. En dat is zoals het is. Ik zou zeggen 'dat is zoals het moet zijn', omdat het wijs klinkt. Maar ik heb geen idee of het zo moet zijn. Ik denk niet dat er iets moet. Het is, dat is alles wat we erover kunnen zeggen. En *dat wat is* kunnen we alleen accepteren.

Het leven is een komen en gaan. Dat geldt voor wenselijke dingen en ook voor de onwenselijke dingen. Een verrassend spektakel van waardering en melancholie. En als je het mij vraagt wil je dit besef van tijdelijkheid op een dagelijkse basis met je meedragen. Je wilt het respecteren en het gebruiken als gereedschap om dieper te genieten van ieder moment. Van de uitzonderlijke dingen en vooral van de gewone dingen. Om meer waardering en dankbaarheid te ervaren.

Voor het gevoel van je voeten op de vloer terwijl de warme stralen uit de douchekop over je rug stromen. Voor een alledaagse omhelzing van een vriend, je partner of je kind. Voor simpele bijzondere dingen zoals je huis, je smartphone, centrale verwarming, drinkbare koffie (dat is verre van vanzelfsprekend). De regen, de zon, de wind, de wolken. En broccoli uiteraard.

Dit inzicht helpt je iets heel belangrijks te doen

In *Steeds leuker* schreef ik al over de kracht van minimalisme. Van je leven enkel vullen met de paar dingen die je het meest gelukkig maken. Een alledaags besef van tijdelijkheid is hier een geweldig fundament onder. Waarom? Nou, we krijgen allemaal een beperkte hoeveelheid tijd en energie in ons leven. En het is aan ons om te bepalen hoe we deze beperkte middelen verdelen in ons leven.

We kunnen een enorme hoeveelheid tijd en energie besteden aan dingen die ons leven niet beter maken bijvoorbeeld. Dat is wat veel mensen doen. Veel energie steken in zaniken, in negatieve gedachten en minder constructief gedrag. Het leven besteden aan een gevoel van chronische ontevredenheid. Logisch misschien, maar wel zonde als je er zo naar kijkt. Want elke minuut van je leven die je verzeurt krijg je niet meer terug om hem alsnog tevreden en dankbaar te besteden.

En weet je, het is jouw leven. Echt zonde is het niet, want ook als je van je leven een enorm drama wilt maken dan kun je nog steeds ervaren wat er te ervaren valt. Drama is voor veel mensen ontzettend fijn. Het is niet voor niets dat we zo dol zijn op films en verhalen. Maar het is fijn als je het gevoel hebt dat je zelf een beetje kunt bepalen hoeveel drama je ervaart. Zodat je ondertussen optimaal kunt genieten van de rit.

Je tijd is beperkt. Dus wat doe je met dit inzicht? Als ik naar mezelf kijk, heeft het me doen beseffen dat ik meer tijd wil steken in relaties. Dat ik niet wil werken voor geld of populariteit of status, maar zo veel mogelijk wil bijdragen. Niet eens omdat ik denk dat mijn werk echt zoveel verschil maakt. Maar vooral omdat ik goed werk verrichten veel leuker vind. Ik beleef er zelf meer plezier aan en de kans is groter dat het daadwerkelijk wat teweegbrengt. En ik zie graag blije gezichten, dus ik word blij als ik anderen blij kan maken.

Het heeft er ook voor gezorgd dat ik bewuster met mijn tijd omga. Dat ik bijvoorbeeld niet eindeloos werk blijf aannemen, dat ik niet blijf investeren in relaties die duidelijk een doodlopende weg zijn, dat ik me niet te druk maak om wat anderen van me denken, dat ik meer mediteer en minder series kijk. En – mijn laatste innovatie – dat ik een 'geen colportage'-sticker op mijn deurpost heb geplakt. Want één energieaanbieder is voldoende voor mij.

Het leven is een pannenkoek. Maar ook pannenkoeken zijn niet voor altijd. Dus geniet ervan zolang ze er zijn, waardeer ze, ervaar dankbaarheid. Want dat is de meest logische reactie op dit hele spektakel. Van dit tijdelijke leven, op deze tijdelijke ruimterots in dit tijdelijke universum.

Maakt dit idee van tijdelijkheid je dan niet neerslachtig?

Dat kan, maar niet voor altijd. Het hangt ervan af in hoeverre je het de afgelopen jaren hebt weggestopt. Zo kun je je wel meer dingen afvragen. Zoals: *Maakt zwaartekracht je depressief?* Ik denk van niet, maar misschien wel – ik kan het niet voor je bepalen.

Het is wat het is. En dat blijft het, ongeacht je gemoedstoestand. Dat voelt misschien hard of kil, maar het is vooral heel effectief als je vooruit wilt komen richting meer innerlijke rust. Waarom? Omdat het wegrennen van de realiteit je leven altijd onrustiger en ingewikkelder maakt. De realiteit omarmen vraagt soms een beetje dapperheid van onze kant. Maar alles wat de moeite waard is kost moeite.

Moet ik me nu de hele tijd gaan bedenken dat alles tijdelijk is?

Je moet niets, dat voorop. En nee, ik denk niet dat het praktisch is om constant te denken aan tijdelijkheid. Maar het kan geen kwaad om er op zijn minst dagelijks bij stil te staan. Vooral wanneer je wordt geconfronteerd met de dingen die je de meeste vreugde en voldoening opleveren.

Neem twee moeders met elk een dochter. De eerste moeder beschouwt haar dochter als vanzelfsprekend. De tweede moeder beseft duidelijk dat haar dochter morgen misschien niet meer bij haar zal zijn. Bij welke moeder zou jij willen opgroeien? De tweede moeder zal haar dochter koesteren en omhelzen alsof ze het meest belangrijke in haar leven is. Omdat ze elke dag beseft hoe waardevol haar dochter voor haar is.

Je hebt vast weleens gedroomd dat een dierbare plotseling overleed. En zodra je wakker werd voelde je ineens een gevoel van opluchting en een diepere waardering voor diegene in je leven. Laatst droomde ik dat Billy er niet meer was. Toen ik wakker werd lag hij gelukkig lekker naast me te ronken, dus ik kroop vol dankbaarheid nog maar even tegen hem aan.

Je kunt het zo gek maken als je wilt. Maar een alledaags besef van tijdelijkheid en vergankelijkheid is een geweldige manier om extra liefde, waardering en levenslust aan je dag toe te voegen. Hoe beter je wordt in het beoefenen van wabi sabi, des te leuker en magischer het leven begint te voelen. Best leuk wat ellende kan doen, als je het zo bekijkt.

En over ellende gesproken, laten we eens dieper ingaan op negatieve gedachten. Hoe kom je eraan en – misschien belangrijker – hoe kom je ervanaf?

DUS?

- Dus je leven is niet eindeloos. En maar weinig dingen in het leven zijn vanzelfsprekend te noemen.
- Het beseffen van je eigen tijdelijkheid kan je helpen om meer dankbaarheid en tevredenheid te ervaren.
- Door schoonheid te zien in vergankelijkheid kun je veel intenser genieten van je hele leven.

In je eigen windmachine

Als je verder wilt borduren op dit thema, log dan even in op je eigen windmachine. Daar vind je een praktische oefening die je kunt gebruiken om vergankelijkheid voor je aan het werk te zetten.

sochicken.nl/windmachine

6

ZO LAAT JE NEGATIEVE GEDACHTEN LOS

Negatieve gedachten zijn de beste gedachten. Althans, ze zijn heel goed in wat ze doen. Ze grijpen je aandacht en creëren eindeloze gedachtecirkels waar je soms moeilijk uit kunt komen. Best knap als je erover nadenkt. Het is niet voor niets dat marketeers dolgraag angst gebruiken om mensen in actie te krijgen – het werkt als een tierelier.

Negativiteit is als een magneet. Het sleurt je binnen en zet je vast, waarna het lastig lijkt om los te komen. Als je brein eenmaal vol zit met negatieve gedachten dan voel je je vastgezogen in een soort moeras dat je geleidelijk steeds dieper en dieper in de ellende zuigt. Want je weet hoe dat gaat met gedachten: hoe meer je er hebt, des te meer er komen. En hoe meer aandacht je eraan schenkt, des te geloofwaardiger en sterker die gedachten lijken te worden.

Neem een gedachte als: *Ik ben onaantrekkelijk.* Het is een gedachte die helaas wordt gekoesterd door honderden miljoenen mensen. En dit idee wordt steeds sterker naarmate je het vaker denkt. Je brein is een behulpzaam apparaat – het doet hard zijn best om jou ervan te overtuigen dat je gelijk hebt en dat jouw kijk op de situatie klopt. Dus het is constant op zoek naar ondersteunende gedachten die inderdaad aantonen dat jij onaantrekkelijk bent.

Dus dan zit je lekker te scrollen op Instagram, en je ziet allemaal perfecte mensen met perfecte tanden en perfecte Scandinavisch ingerichte huizen en perfecte pluizige bijpassende huisdieren en perfect gebakken glutenvrije, suikervrije, zuivelvrije, calorievrije, smaakvrije koekjes die worden gegeten door perfect afgestylede kinderen met perfecte fairtrade ecologische kleding die ook nog eens gesponsord is waardoor deze perfecte mensen niet meer elke dag naar een werkgever hoeven om dat peperdure biologische speltbrood op de plank te brengen maar alleen nog maar perfect hoeven te zijn om rond te komen.

En dan kijk je naar jezelf. Met je Albert Heijn Basic crackers met Nep Nutella. En je denkt: *Zie je wel, ik ben niet alleen onaantrekkelijk, ik ben ook een waardeloos persoon. Als ik was zoals zij, dan zou ik gelukkig zijn. Maar ik ben zoals ik, en dat is niet goed genoeg.*

Wat een ellende. En wat vermoeiend. Negatieve gedachten zijn vermoeiend. Niet alleen zijn ze onwaar, ze zuigen ook de levensenergie uit je lijf, niet fijn.

Maar gelukkig is er een simpele oplossing. Want als je brein nu reageert als een *negatieve-gedachten-magneet* dan hoeven we maar één ding te doen: de magneet omkeren. Je weet vast nog wel hoe je als kind zat te prutsen met zo'n houten treinbaan. De wagonnetjes klikken aan elkaar met magneten. En als je de wagon dan verkeerd om probeert vast te maken, dan duwt de magneet de wagon steeds verder weg. Dat effect willen we dus in ons brein realiseren. Je wilt dat je brein de tegenpool voor negativiteit wordt, zodat negatieve gedachten automatisch en moeiteloos afgestoten worden.

En dat is wat ik met je wil doen in de komende hoofdstukken. We gaan het drama schrappen en ervoor zorgen dat negatieve gedachten gewoon minder makkelijk grip krijgen. Zodat je meer ruimte krijgt om mindful, blij, liefdevol en kalm door het leven te gaan. Best fijn.

Maar dan ga ik mezelf dus voor de gek houden?

Als je negatieve gedachten wilt verminderen, houd je jezelf dan voor de gek? Nou, laten we even beginnen bij het begin: je brein houdt je sowieso voor de gek. Dat doet het mijne ook, dat doen al onze breinen. Het is wat breinen doen om het leven een beetje behapbaar te maken. We versimpelen onze realiteit zodat we er iets mee kunnen. Als we dat niet zouden doen zou het leven voelen als een chronische lsd-trip. We zouden mogelijk een hoop lol hebben maar niet in staat zijn om 's ochtends een kop koffie te zetten. En dat vind ik persoonlijk toch een vrij essentiële vaardigheid. Dus toch fijn dat het brein zo werkt.

Ons brein vormt constant gewoontes om het leven simpel te maken. Als je je badkamer binnenloopt hoef je niet elke keer te zoeken naar het lichtknopje. Nee, je hand vliegt direct naar de juiste plek en het licht floept aan – nog voordat je er gedachten over kon denken. En gelukkig maar, want het zou een toestand worden als het niet zo was. Dat je iedere keer op expeditie moest om uit te vinden hoe je in elke ruimte in je huis het licht inschakelt.

Zoals sommige gewoontes je vooruitduwen en je leven beter maken, ontstaan er ook gewoontes die je leven minder leuk maken. Gewoontes als negatief denken. Keer op keer je aandacht laten kapen door negatieve gedachten die onwaar zijn, een naar gevoel oproepen en je leven minder leuk maken.

Maar maak je geen zorgen. Ik ben helemaal voor het schrappen van negatieve gedachten en het toevoegen van positieve gedachten, maar niet op de Amerikaanse 'think positive and your life will be amazing forever'-manier. Want dat is de grap met gedachten: het zijn allemaal scheten. Of ze nu negatief of positief zijn. Wat je wilt doen is niet zozeer jezelf forceren om positieve gedachten heel serieus te nemen door eindeloos affirmaties te blijven herhalen. Ik stel voor dat je accepteert dat al die gedachten even onwaar zijn, maar dat sommige gedachten goed gereedschap zijn om wenselijke resultaten te behalen en andere niet.

Bijvoorbeeld: ben jij goed genoeg of ben je niet goed genoeg? Ik zou zeggen: het hangt af van de definitie van 'goed'. Ik zeg: goed en slecht zijn bedenksels, gewoon scheten. Dus als je wilt geloven dat je 'goed' genoeg bent voor iets of iemand, dan moet je dus ook bepalen wat 'goed' dan precies inhoudt. En daar kun je hele dikke boeken over lezen en vervolgens eindigen met meer vragen dan antwoorden. Dus ik zou zeggen, welke van de twee je ook gelooft, *ik ben goed genoeg* en *ik ben niet goed genoeg* zijn allebei even onwaar.

Wat is dan waar? Alleen de eerste helft van de gedachte: *Ik ben*. De rest is speculatie. Gedachten die zijn gebouwd op nog meer gedachten. Niets mis mee natuurlijk, maar het maakt ze niet per se waar. De enige logische reactie op *Ik ben* is acceptatie, zoals we later zullen zien. Of je wel of niet goed genoeg bent, dat is niet het punt. Je bent blijkbaar wat je bent, en niet anders. Dus valt er maar één ding te doen: omarm het zoals het is. Dat klinkt natuurlijk veel simpeler dan het in de praktijk blijkt te zijn. Daarom gaan we hier later nog dieper op in, want zelfacceptatie is essentieel als je echt wilt leren leven met wind mee.

Wel goed genoeg of niet goed genoeg – je kunt vaststellen dat beide gedachten onzin zijn. Maar als je dan toch kunt kiezen aan welke gedachte je aandacht wilt schenken (en dat kun je), dan kun je net zo goed de gedachte *Ik ben goed genoeg* cultiveren, want dat is op z'n minst een *constructieve* gedachte. Een positieve kijk op jezelf helpt je vooruit op allerlei manieren. Het is een gedachte die je vooruitduwt in je relaties, je persoonlijke groei, je werk en alle andere levensgebieden. Dus als we onszelf toch voor de gek houden, laten we dan kiezen voor de gekkigheid die ons vooruithelpt.

Zie je hoe dit werkt? Je kunt doen wat je wilt. En je kunt stap voor stap de negatieve gedachten inruilen voor positieve varianten. Of beter gezegd: je kunt ervoor kiezen om meer aandacht te schenken aan positieve gedachten, en beter worden in het moeiteloos laten passeren van de negatieve gedachten.

De vaardigheid om negatieve gedachten zonder problemen te laten passeren is letterlijk *levensveranderend*. En meditatie is een van de beste manieren om hier beter in te worden. Meditatie schept afstand tussen je gedachten en je waarneming, waardoor gedachten beter zichtbaar worden. Ineens zie je die rare, stressverhogende gedachten heel duidelijk langs wapperen. Hierdoor krijg je de ruimte om te kiezen welke gedachte je wilt vasthouden, en welke gedachte je wilt loslaten.

Je kunt kiezen of je wilt loslaten of niet

De dag dat dit tot me doordrong kan ik me nog duidelijk herinneren. Ik was een jaar of zestien en ik stond 's avonds laat onder de douche met een hoofd gevuld met negativiteit. Ik maakte me zorgen over opdrachten voor school – waarschijnlijk omdat ik te veel *SimCity* had gespeeld en te weinig had gestudeerd – en voelde me onwijs negatief. Ik had het gevoel dat het hele leven tegenzat, dat ik een loser was en dat ik mijn werk nooit op tijd af zou krijgen met alle ellendige gevolgen van dien.

Na een tijdje piekeren en nadenken kwam ik echter langs een hele verhelderende realisatie: *Ik ben moe.*

Ik wás ook moe, want ik had zitten gamen tot een uur of 1 's nachts. Dus ik was uitgeput. En plotseling zag ik in dat al die negativiteit waarschijnlijk gewoon ontstond omdat ik moe was. Dus ik zei tegen mezelf: *Ik ben nu moe, daarom denk ik zo negatief. Dus laat ik stoppen met piekeren, morgen voel ik me uitgerust en dan kan ik er weer normaal over nadenken.*

Zo gezegd, zo gedaan. Ik vertrouwde erop dat mijn toekomstige en uitgeruste zelf wel met deze gedachten zou kunnen omgaan. Ik liet de gedachten los, ging naar bed en ontwaakte in een heel andere wereld.

Ik ben niet mijn gedachten, ik ben datgene wat de gedachten waarneemt. En ik kan zelf kiezen hoe ik mijn aandacht verdeel over deze gedachten. Dat is het inzicht waarmee ik wakker werd, en het is het inzicht dat maakt dat ik anders naar het leven kijk dan veel andere mensen.

Gedachten loslaten klinkt soms zo ingewikkeld. Zeker als je diep begraven zit in negatieve gedachtespiralen. Maar het is simpeler dan het lijkt. In werkelijkheid kun je de gedachten niet loslaten, dat is niet wat je doet. Het enige wat je kunt doen is je *aandacht verplaatsen*. Je haalt je aandacht weg uit die wervelstorm in je hoofd, en verplaatst hem naar iets anders. Zoals de sensaties die je lichaam ervaart (zoals warm stromend water op je rug, je ademhaling, het gevoel van de vloer onder je voeten), een nieuwe gedachte (zoals een blije herinnering) of een mantra dat je gebruikt om je hoofd te vullen met een neutrale gedachte zoals je kunt doen in meditatie.

Meer is het niet. Verplaats je aandacht en de gedachten verdwijnen vanzelf. Alles wat je aandacht geeft groeit – maar het omgekeerde is ook waar. Dat is nog een reden waarom ik meditatie aanraad. Door te mediteren train je je aandacht. Je wordt je bewuster van waar je aandacht zich bevindt, en je kunt hem beter sturen en observeren.

De moeilijkheid zit hem in de *identificatie* met negatieve gedachten. Want op het moment dat je in een negatieve spiraal zit voelt het allemaal zo echt. Zo tastbaar. En je hebt het gevoel dat je de gedachten niet kan of mag loslaten, omdat er dan vreselijke dingen gebeuren.

Het voelt alsof jij eigenhandig de wereld onder controle hebt, puur door die negativiteit in je bewustzijn te laten circuleren. *Want als ik maar lang genoeg nadenk over alle dingen die mis kunnen gaan, dan gebeuren ze niet.* Het is niet logisch, maar het voelt compleet logisch als je er middenin zit.

De eerste stap uit die spiraal is het inzicht dat we hebben besproken in hoofdstuk 2 – jezelf eraan herinneren dat gedachten slechts scheten zijn. *Allemaal scheten,* dat is de gedachte die je helpt in zo'n geval. Want zodra je dat weer beseft, wordt het makkelijker om afstand te nemen van die negatieve spiraal. Dan kun je een stapje naar achteren doen en tegen jezelf zeggen: *O ja, allemaal gedachten, ik kan ze gewoon laten gaan zonder dat er iets ergs gebeurt. Fijn is dat.*

Wanneer je regelmatig mediteert begint dit automatisch te gebeuren. Dan merk je dat de afstand die je hebt tot je gedachten je in staat stelt om ze minder serieus te nemen en ze rustig voorbij te laten wapperen.

Inderdaad, best fijn.

Heb een beetje vertrouwen in je toekomstige zelf

Je bent veel slimmer dan je jezelf doet geloven. En het is verstandig om een beetje vertrouwen te hebben in je toekomstige zelf. Is het je weleens opgevallen dat de belangrijke dingen in je leven toch wel gebeuren, of je je nu druk maakt of niet? De dingen die echt moeten gebeuren doe je wel. De dingen die echt belangrijk zijn die onthoud je wel. Of je er nu over piekert of niet.

Sterker nog – als je er niet over piekert gaat het allemaal een stuk moeitelozer. Want dan ben je niet constant gespannen en voel je je kalm en blij. En een kalme houding is een veel beter uitgangspunt, ook als je lastige problemen moet oplossen. Zit je hoofd vol met negatieve gedachten en wil je ze echt niet vergeten? Schrijf ze dan op. Dan weet je brein dat het ergens vastgelegd is, waardoor het iets makkelijker wordt om de gedachten los te laten. En verplaats vervolgens je aandacht.

Leer te vertrouwen op je toekomstige zelf. Op je intuïtie. Vertrouw erop dat – wanneer je in het *hier en nu* geconfronteerd wordt met uitdagingen – je die uitdagingen op dat moment prima kunt afhandelen. En besef dat het eindeloos circuleren van negatieve gedachten je niet effectiever maakt en zeker niet gelukkiger. En het klopt – dit is allemaal makkelijk praten wanneer je ligt te piekeren en niet in slaap komt. En als je partner dan ook nog begint te snurken en je moet plassen en je hebt dorst – ik weet het. Want het drama voelt zo echt, zo urgent. En er niet over nadenken lijkt geen optie.

Maar je moet ergens beginnen. Je wordt hier vanzelf beter in als je regelmatig mediteert, zoals we in deel 1 hebben besproken. Maar het omdraaien van die magneet gebeurt niet in één klap, het is een proces van kleine stappen. En het is een leuk proces, omdat je merkt dat je steeds kalmer en blijer wordt. Het is een proces van openen en ontspannen, en een beetje vertrouwen hebben in jezelf.

De simpele waarheid is dat we veel minder controle hebben over de wereld om ons heen dan we denken. Al die gedachten in ons hoofd zijn onze poging om controle te grijpen, maar waar we mee blijven zitten is niets anders dan een 'illusie van controle'. En die illusie is stressvol, omdat keer op keer blijkt dat het idee van controle niet strookt met de realiteit. De logische reactie hierop is acceptatie en ontspanning – de gebruikelijke reactie is nog harder je best doen om de wereld te controleren. Waardoor je nog meer stress ervaart. Later gaan we nog verder in op het loslaten van je drang naar controle.

Onthoud voor nu vooral: *er is alleen hier en nu*. Al die scenario's in ons hoofd zijn gedachten, gewoon scheten. Het leven – je enige dierbare leven – speelt zich af in dit moment. Niet in het verleden, niet in de toekomst. Herinneringen zijn gedachten, verwachtingen zijn gedachten – het zijn gewoon sensaties in je waarneming. Dus laat je niet eindeloos meeslepen door de verhalen in je hoofd. Verplaats je aandacht naar dit moment. Hoe vaker je dat doet, des te meer kalmte je ervaart en des te moeitelozer het leven begint te voelen.

Je negatieve gedachten ontgroeien

Negatief denken is makkelijk. Het is voor veel mensen de standaardmodus wanneer er iets vervelends zou kunnen gebeuren. En het is ook een geweldige eigenschap. Ons talent tot negatief denken is één van de redenen dat de mensheid de soort is die Rovers op Mars plaatst, en niet de dolfijnen. Negatief denken helpt ons anticiperen, plannen en meebewegen met een veranderende omgeving. Supernuttig, totdat het niet nuttig meer is en het onze groei in de weg komt te staan.

Want ja, er kunnen veel dingen misgaan in het leven, en hier op voorhand over nadenken geeft een gevoel van controle. En dat gevoel van controle is zo verslavend dat negatief denken een gewoonte wordt. Het is makkelijk om met negativiteit te reageren, simpelweg omdat je het gewend bent.

Negatief denken is als ongezond eten. Het is makkelijk, het voelt bevredigend *maar het voedt je niet*. Het geeft je nu een goed gevoel, en op de lange termijn vooral stress en een rimpelige huid. Het is een gewoonte die je niet dient. Een gewoonte die je, als je je leven echt wilt verrijken, stap voor stap kunt afleren. Want hoe meer positieve gedachten jij toelaat, des te beter je je zult voelen.

Maar hoe kun je hier dan beter in worden? Hoe kun je jezelf trainen om moeiteloos positief te denken, zodat je je leven steeds leuker kunt maken?

Begin bij het grijze gebied

Het leven heeft de neiging om te bewegen richting het grijze, moeiteloze middengebied. De plek waar dingen niet het één of het ander zijn, maar van allebei een beetje. Ons brein heeft echter de neiging om te denken in zwart of wit. We dromen een toekomst die helemaal fantastisch is op allerlei onrealistische manieren, of we vrezen een toekomst die zelfs in de slechtste scifi-boeken zou worden beschouwd als onrealistisch.

De waarheid ligt meestal ergens in het midden. Een beetje van dit, een beetje van dat. En zelfs als blijkt dat het leven beweegt richting een extreem punt, dan is dat altijd zeer tijdelijk. Je zult merken dat het kort daarna weer terugkomt in het midden, in het saaie maar rustgevende grijze gebied. De moeiteloze plek waar beide kanten even hard aan je trekken.

Bijvoorbeeld: toen ik begon met spreken in het openbaar voelde ik me doodsbenauwd. Ik zag voor me hoe ik mezelf belachelijk zou maken. Hoe mijn publiek me onkundig, oninteressant, onaantrekkelijk en onwaardig zou vinden. Hoe al mijn grapjes zouden eindigen in ongemakkelijke stiltes. En hoe de organisatie na afloop zou aangeven dat ze het allemaal maar zonde van hun geld vonden om mij uit te nodigen, waarna ik ze zou terugbetalen en ik zou huilen onder mijn dekbed.

De realiteit bleek toch iets genuanceerder. Ja – er waren grapjes die niet aankwamen. Maar daar bleek ik verrassend genoeg aan gewend, aangezien meer dan de helft van mijn grapjes in het dagelijks leven niet aankomen. Zolang ik er zelf maar om kan lachen, zullen we maar zeggen. Daarnaast bleek het publiek bijzonder enthousiast en geïnteresseerd. Iets wat ik overigens nog steeds wonderlijk vind. Want ja, ik doe mijn best om nuttige dingen te zeggen en schrijven. En voor mijn gevoel slaag ik daar soms in. Maar het publiek bepaalt, dus het is wat het is. Er bleek uiteindelijk geen aanleiding tot huilen onder een dekbed. Eerder een gemixt gevoel van 'dit ging geweldig' en 'dit kan nog beter'. Een grijs gebied. Beetje van dit, beetje van dat.

Het leven is complex, zelden zwart of wit. Het is een ingewikkelde toestand met van alles wat. En het is belangrijk om je dat te realiseren wanneer je verstrikt raakt in negativiteit. Je negatieve gedachten zijn niet realistisch, want het leven werkt zo niet. En zelfs als er zich een enorm drama ontvouwt in je leven, dan keert het daarna snel weer terug naar het midden. Elke rivier heeft woelige gedeelten, maar uiteindelijk wordt het water weer kalm. *This too shall pass*, alles is tijdelijk – ook ellende.

Door het grijze gebied te omarmen kun je inzien dat je brein overdrijft. Hierdoor wordt het eenvoudiger om uit een negatieve spiraal te stappen, best fijn.

Maak positiviteit je uitgangspunt

Ik ben van nature vrij positief ingesteld, maar ik ben ook heel goed in negatief denken. Mijn positiviteit is een bewuste keuze, omdat ik merk dat het beter werkt. En ik heb een aantal dingen gedaan om negatieve gedachten minder sterk te maken in mijn leven.

Eén van die dingen is de intentie hebben om het leven positief te benaderen. Om mensen niet naar beneden te halen maar naar boven. Om mezelf te behandelen met zelfcompassie. En om ervoor te kiezen om te geloven in een goede afloop als er geen aanleiding is om het tegenovergestelde te geloven.

Hoe reageer je als je donkere wolken in de lucht ziet hangen? Als je bent zoals de meeste mensen, dan denk je: *O jee, het gaat regenen.* Als ik donkere wolken in de lucht zie hangen, en ik heb geen idee naar welke kant de wind blaast, ga ik ervan uit dat de wolken van me wegdrijven totdat het tegendeel bewezen wordt. Dat is net zo logisch of net zo onlogisch.

Als ik op reis ben neem ik altijd wat meer tijd om te lezen en te filosoferen over mijn leven. Een tijdje terug zat ik in Goa, India op een charmant kapot strandbedje onder een nog charmantere kapotte parasol te genieten van een waterige vruchtenshake. Ik zat te schrijven in mijn notitieboekje en ineens kwam ik tot een onthutsende conclusie die mijn leven voor altijd veranderde. Ik kwam tot de conclusie dat ik de overtuiging koesterde dat de toekomst minder goed ging worden dan het heden.

En dat inzicht verraste me. Want ik stond ook toen al bekend als een 'positief ingesteld persoon'. Maar het bleek niet te kloppen, want ik dacht blijkbaar negatief over de toekomst. En ik vond het extra vreemd, omdat ik eens ging kijken of die overtuiging ergens op sloeg. Maar ik kon geen directe reden vinden waarom de toekomst minder goed zou worden. Sterker nog – ik kon vooral redenen bedenken waarom mijn toekomst beter zou worden op allerlei manieren. Ja – natuurlijk, in de toekomst zal ik mensen verliezen. En dat verlaagt de kwaliteit van mijn leven op z'n minst een periode, afhankelijk van hoe dierbaar die persoon voor me was. En uiteindelijk zal ik zelf gedag moeten zeggen. Dingen veranderen, dat is de aard van leven. Maar buiten dat bleek het vooral ongefundeerde negativiteit.

Het punt is – als ik dan toch geloof in onzin, dan kan ik net zo goed geloven dat mijn toekomst steeds leuker en leuker wordt. Net zolang tot het tegendeel wordt bewezen. Het is toch allemaal relatief. Want hoe verder ik groei, des te beter ik kan omgaan met ellende die me in het verleden misschien volledig uit balans had gegooid. De aard van ellende verandert naarmate ik meer levenservaring opdoe. Drama wordt amusanter als ik mezelf minder serieus neem.

Dus ik koos voor een nieuw idee: *Ik heb altijd geluk en mijn leven wordt steeds leuker.* Dit is mijn uitgangspunt tot het tegendeel wordt bewezen. En ik moet zeggen, het leeft toch een stuk lekkerder met deze gedachte. Want als ik dan toch onzin kies, dan kies ik liever voor de onzin die me 's ochtends helpt opstaan met een glimlach op m'n snoet. Misschien geldt dat voor jou ook.

Stop met voeden van de ellende

Er is veel mis in de wereld. Althans, veel dingen zouden beter kunnen, gezien de doelen die we hebben. Maar het zou natuurlijk een beetje vreemd zijn als we daardoor voorbijgaan aan alle dingen die constant goed gaan.

Ik hoor mensen weleens dingen roepen als 'De hele wereld is verrot' of 'De wereld is beter af zonder mensen'. En ik begrijp heus wel waar dat sentiment vandaan komt, want de wereld loopt over van onrecht en ellende. Maar aan de andere kant is het ook ontzettend relatief. Want onze wereld is 'verrot', vergeleken met welke andere wereld? Kun je een andere planeet aanwijzen waar ze het beter hebben geregeld? Waar sowieso 'iemand' iets 'regelt'? Vooralsnog zien we nergens om ons heen tekenen van intelligent leven in het heelal. Dat is op zichzelf al vreemd, aangezien het heelal bijzonder groot is en al heel oud. Je zou verwachten dat er op elk hemellichaam inmiddels een 4G-mast staat om de hele melkweg te voorzien van intergalactische frisdrankreclames en oneindig veel seizoenen van *Gilmore Girls* – maar nee. We zien alleen dorre vlaktes en steriele planeten.

Dus voordat je de hele mensheid, onze hele planeet en alles wat er gebeurt in dit universum wegzet als 'waardeloos', vraag je af op basis waarvan je dat doet. Ik zou namelijk willen stellen dat we het best aardig doen. We bestaan – dat is al een ding. We hebben elkaar en onze planeet nog niet uitgeroeid met een nucleaire oorlog, dat is te prijzen. Er zijn veel problemen en veel uitdagingen. Er is corruptie, arrogantie, hebzucht, haat, verwoesting en vervuiling. Maar er is ook een hoop liefde, stabiliteit, rust, vooruitgang en gezelligheid. En als we als soort goed zijn in één ding, dan is het wel problemen oplossen! Vergeleken met al die steriele planeten om ons heen is het leven hier op aarde best goed. We kunnen het nog veel beter doen, maar dat wil niet zeggen dat we het nu absoluut gezien slecht doen.

We weten natuurlijk wel waarom we negatief kunnen zijn over de mensheid. Dat doen we omdat we een bepaald verhaal in ons hoofd hebben. Een idee van 'hoe het zou moeten zijn'. En zolang er niet wordt voldaan aan dat beeld (wat nooit zal gebeuren), vinden we de mensheid stom.

Prima natuurlijk. Maar je maakt jezelf er ongelukkig mee. De mensheid wordt nooit perfect volgens die smalle definitie. Haat, hebzucht, angst en andere ellende zijn integraal onderdeel van 'mens zijn'. En ze zullen nooit verdwijnen. Maar we kunnen eraan werken om ze minder prominent te maken, zodat de wereld beter werkt gezien de doelen die we hebben. We kunnen ons best doen om over deze gevoelens heen te groeien en meer mensen te inspireren en ondersteunen op hun pad. En ondertussen staat de wereld er precies bij zoals ze erbij staat, ongeacht hoe jij erover denkt.

Ik noemde eerder al de dooddoener 'alles wat je aandacht geeft groeit'. Het is waar, en niet eens vanwege magie of andere ongein. Het is waar omdat dit precies is hoe gedachten werken. Gedachten komen en gaan, maar jij kiest aan welke gedachten je aandacht schenkt en welke gedachten je rustig voorbij laat waaien. Hoe meer aandacht een gedachte krijgt, des te meer gelijkwaardige gedachten erbij worden gezocht.

Je begint bij 'mijn werkdag zat tegen' en eindigt bij 'alles is zinloos en ik wil wegkruipen en huilen onder een deken'. Had je die eerste gedachte rustig laten passeren, dan had je je avond wellicht niet hoeven doorbrengen onder die deken. Het is natuurlijk maar net waar je naar op zoek bent in je leven, maar het is belangrijk dat je je hiervan bewust bent.

Geef negativiteit aandacht en er komt meer negativiteit. Ellende voedt ellende. Drama maakt drama. Het maakt je leven eindeloos meeslepend en interessant. Het zorgt voor fascinerende verhalen op feestjes. Het maakt mooie gedichten en liedjes en Instagramposts die veel likes trekken – want iedereen is dol op drama.

Maar als je net als ik geen zin hebt in drama dan is het slim om negativiteit te zien voor wat het is – een scheet in je hoofd. Laat het gaan en laat het los. Ontspan je schouders, adem een paar keer diep in en uit. Kijk om je heen en besef dat het gewoon gedachten waren die je aandacht even uit het moment trokken. Voel je voeten op de vloer, voel de lucht in je longen stromen, hoor de geluiden van je ademhaling. Niets aan de hand. Of er is in ieder geval een stuk minder aan de hand dan je dacht.

Het leven kan gewoon bestaan in dat grijze gebied. Soms gaan dingen zoals je wilt, soms iets minder zoals je wilt – prima. Het is wat het is. Je kunt problemen hebben en tóch positief zijn. Best een bevrijdend en verfrissend idee. Het een hoeft het ander niet uit te sluiten.

Als je leert om jezelf, je drama en je leven wat minder serieus te nemen, dan begin je net als ik te zien dat er meer te genieten is dan je dacht. Dat je niet alleen hoeft te genieten van de dingen die goed gaan, maar dat je ook mag genieten van je drama.

Je hebt veel meer te kiezen dan je verwacht. Zodra je inziet dat gedachten gewoon scheten zijn, krijg je de vrijheid om je leven vanuit een compleet ander perspectief te benaderen. Het wordt eenvoudiger om negativiteit los te laten, positiviteit en vrolijkheid binnen te laten en drama te zien voor wat het is: bijzonder vermakelijk. Laten we daar eens dieper op ingaan. Op drama en hoe we er minder van kunnen ervaren.

DUS?

- Dus negatieve gedachten voelen heel waar, maar zijn niet 'waarder' dan positieve gedachten. Het zijn nog steeds allemaal scheten.
- Negatieve gedachten zorgen voor meer drama, ellende en tegenwind. Positieve gedachten zorgen voor blijdschap en wind mee.
- Je kunt gedachten niet loslaten, je kunt wel je aandacht verplaatsen.
- Wanneer je je gedachten observeert, merk je dat je kunt kiezen voor gedachten die je vooruithelpen. Best fijn.

In je eigen windmachine

In je eigen windmachine heb ik een lijst met tips voor je onder elkaar gezet die je helpen om vaker positief te denken met minder moeite.

sochicken.nl/windmachine

7
ZO MAAK JE EEN EIND AAN HET DRAMA

Het zou zo mooi zijn. Ik schrijf een boek waardoor jouw leven fantastisch wordt zonder dat je iets hoeft te doen. Althans, je zult het sowieso moeten lezen natuurlijk. Maar het zou toch prachtig zijn als je het gewoon kunt lezen, en daarmee je hele leven geweldig maakt.

En echt – als dat kon zou ik het met liefde voor je doen. Want ik wil niets liever dan je helpen je leven geweldig te maken met zo weinig mogelijk moeite. Maar het probleem van het leven is dat het zo niet werkt. Ik kan je leven niet voor je fixen. En dat is oké. Of in ieder geval, dat is hoe het is. En we hebben het te accepteren. Maar het betekent in ieder geval dat je de komende tijd wat te doen hebt. Want ik vind het onwijs gezellig om samen met jou deze reis af te leggen, en dat doe ik graag zo goed als ik kan. Maar uiteindelijk zullen we tegen het volgende puntje aanlopen:

Het leven is een soloreis.

Dat klinkt niet gezellig, maar het is wat het is. Een moeras vol met krokodillen en slangen klinkt ook niet gezellig, maar dat bestaat ook. Ongezellige dingen zijn niet uitgesloten van bestaansrecht. Dus laten we eens kijken wat dit inhoudt.

Waarom is je leven een soloreis? Nou, je komt alleen ter wereld, en je moet er zelf wat van maken. En dan zeg je – ja, maar wat als je als tweeling wordt geboren? Geen idee, dat moet je aan een tweeling vragen. Punt blijft dat jouw bewustzijn – jouw unieke ervaring van jouw leven – alleen wordt waargenomen door jou, en niet door mij of je kamerplant. Dus als jij wilt dat er dingen veranderen dan zul jij de stappen moeten zetten die nodig zijn om die verandering door te voeren.

Dat wist je natuurlijk al, maar soms voelt het zo verleidelijk om je problemen te negeren en comfortabel weg te kruipen in de slachtofferrol en je te wentelen in je drama. En ik begrijp je, hoor. De slachtofferrol is heerlijk, ik ben er echt niet vies van.

Wat is de slachtofferrol? Het is die comfortabele plek waarin we ons terugtrekken wanneer we geen zin hebben om de realiteit onder ogen te zien. Een eindeloos moeras. Niet gevuld met slangen en krokodillen. Maar een veel comfortabeler en gezelliger moeras – gevuld met Tony Chocolonely, bingewatchen, comfortabele dekentjes en eindeloos gezanik gericht aan ieder die het maar horen wil.

Want ja, je bent zielig. En ja, het leven is zwaar. Vooral voor jou. En *waarom moet mij dit nou overkomen?!* Ja – daar heb ik ook geen antwoord op. En eerlijk gezegd is het antwoord ook niet zo relevant. Dingen gebeuren zoals ze gebeuren. Het is wat mij betreft vooral interessant om je af te vragen wat je nu gaat doen om de situatie beter te maken. Wordt het een volgende aflevering van die serie waarin de karakters nog ongelukkiger zijn dan jij? Wordt het een volgende reep chocolade die je voorziet van misselijkheid en puisten op plekken waavan je niet eens wist dat je er puisten kon krijgen? Wordt het toch nog maar een keer Instagram openen, en toezien hoe iedereen om je heen gelukkiger lijkt dan jij?

Mijn suggestie is heel simpel: laat dat moeras achter je. Sleur jezelf uit de slachtofferrol, pauzeer je drama en omarm je eigen verantwoordelijkheid. Geen volgende aflevering. Druk op stop. Laptop dicht, tv uit, telefoon weg. Zo. Leg je chocolade voorzichtig weg – en geen onverwachte bewegingen.

Goed. Nu is het tijd om eens goed te kijken waar we mee te maken hebben.

Wat hebben we voor ons? Een leven. Een uniek leven, dat van jou. Een leven dat is opgebouwd uit momenten, gevuld met gebeurtenissen. En over deze gebeurtenissen heb je gedachten en gevoelens. Soms gebeuren er dingen waarover je negatieve gedachten denkt.

Zoals zaken die je bestempelt als 'tegenslag'.

Tegenslagen vind je niet leuk. Want je wilt ergens heen, je wilt een bepaalde ervaring hebben. Je wilt graag die opleiding afronden én vanavond kunnen ontspannen. En als blijkt dat er geen tijd meer over is om te ontspannen dan voelt dat als een tegenslag. Je wilt gezond zijn, en nu zegt de dokter dat je ziek bent. En daardoor voel je spanning, stress en frustratie. Logisch. Het ís ook niet leuk. Maar dat neemt niet weg dat het er wel is. En als je wordt geconfronteerd met zo'n gebeurtenis heb je een paar opties. De slachtofferrol is één van de populairdere keuzes, maar zeker niet de enige.

Wanneer je jezelf als slachtoffer ziet van de gebeurtenissen in je leven dan ontstaan er allerlei problemen. Dan wordt er een hoop tegenwind gecreëerd. Want er is geen reden om aan te nemen dat de gebeurtenissen op zichzelf 'tegenslagen' zijn. Het zijn gewoon dingen die gebeuren – een nieuw moment op planeet Aarde. Wij interpreteren de dingen die gebeuren, en besluiten er een label aan te hangen. Een label zoals 'tegenslag'. En het idee van 'tegenslag' komt met een gevoel van machteloosheid. Want je had het gevoel dat je controle had over je leven, maar deze gebeurtenis laat zien dat dit niet het geval is. Dat verschil voelt niet prettig. Want machteloosheid geeft je het gevoel dat je kwetsbaar bent, dat er van alles kan gebeuren met je zonder dat jij er iets over te zeggen hebt.

Nu is dat natuurlijk precies wat er aan de hand is. Want je hebt veel minder controle over de gebeurtenissen in je leven dan je denkt. En dat is prima, als je dat kunt accepteren. En accepteren dat je geen controle hebt, dat is waar je wat mij betreft aan zou willen werken. Dat is wat we hier proberen te doen. Inzien dat het leven een pannenkoek is, en dat je er met een glimlach naar kunt kijken. En dat de tegenslagen in je leven niet meer zijn dan gebeurtenissen die jij als onwenselijk bestempelt maar die op zichzelf vooral neutraal zijn.

Als je liever wilt dat het anders is, als je liever zou willen dat je onwijs veel controle had over de wereld om je heen, dan kom je in de problemen. Want dan ontstaat er een situatie die niet in lijn ligt met de realiteit. En als je dat niet kunt accepteren dan rest je één uitweg uit deze brij: ontkenning.

En dat is precies waar de kleedjes en de chocolade om de hoek komen kijken. Want ontkenning is wat de slachtofferrol kenmerkt. Daar komt drama vandaan. Het is wegkruipen, wegwuiven van de realiteit. Net doen alsof het niet bestaat, zodat je je even niet zo gestrest hoeft te voelen. En dat werkt perfect. Totdat het niet meer werkt natuurlijk.

We zijn allemaal dol op drama

Een lang en gelukkig leven. Lekker rustig, met weinig stress en veel liefde. Omringd door dierbaren die veelal gezond en gelukkig zijn. Doen wat goed voelt, je hart volgen, je passies leven en elke dag genieten van de kleine fijne dingen. Het klinkt fijn en gezellig, maar een film die hiermee opent hoeft niet te rekenen op veel kijkers. Want hoewel we allemaal op zoek zijn naar zo'n leven vol blijdschap en rust, laten we ons ook graag verleiden door drama.

Waarom? Omdat drama het leven kleur geeft. We zijn dol op drama. Drama geeft ons het gevoel dat we belangrijk zijn, dat we helden zijn in ons eigen levensverhaal. Dat we ertoe doen, dat we soms slachtoffer zijn, dat we aandacht verdienen voor onze unieke worsteling door ons moeilijke leven.

En het is waar – drama is leuk. Ellende is aantrekkelijk. Want als alles ons altijd maar voor de wind zou gaan dan zou dit hele 'project leven' bijzonder saai worden. We hebben wrijving en weerstand nodig om te groeien. Worstelen maakt ons sterker, belemmeringen maken ons creatiever, obstakels motiveren ons om beter te worden.

Maar – zoals geldt voor zoveel dingen waar we dol op zijn: alles met mate. Drama is een prachtig gereedschap. Je wilt het gebruiken wanneer het je kan helpen, en daarna wil je het weer loslaten. Je wilt het drama in je leven in en uit kunnen schakelen wanneer jou dat uitkomt. En een eerste stap daarin begint dus bij regelmatig mediteren. Laten we eens kijken hoe die ene simpele gewoonte je ervaring van drama drastisch kan verminderen.

Hoe meditatie het drama vermindert

Ik weet het – zolang je aan het mediteren bent is alles top. Maar dan sta je op en begint het 'echte' leven weer. Je voet slaapt, dus je moet even wachten voordat je aan de slag kunt. Maar zodra je weer helemaal in touw bent blijkt het ineens een stuk minder eenvoudig om je gedachten objectief te bekijken. Dan word je geconfronteerd met die collega die je doorgaans karakteriseert als 'vreselijk irritant', en dan lukt het je ineens niet meer om je gedachten te zien als wolken. Nee – je gedachten worden heel dik en tastbaar. Ze worden als chocolade, en je wilt ze zo snel mogelijk naar binnen werken. Je hebt ineens het gevoel dat je geen andere keus hebt dan bepaalde opmerkingen maken. Opmerkingen waaruit blijkt dat zij op je zenuwen werkt, en waarin je duidelijk maakt dat jij beter bent dan zij:

> 'Ik weet niet, hoor, maar het lijkt me niet dat jouw bijdrage van vorige week nou zo positief werd ontvangen.'

En nee, dat verdient geen schoonheidsprijs. Maar wie is er hier in de race voor schoonheidsprijzen? Ik niet. Het is wat het is, maar frustrerend is het wel. Want al die negatieve gedachten leiden tot stress, een knoop in je maag, frustratie, (passief-)agressief gedrag en allerlei andere ellende. Ellende die je, zodra je weer op je meditatiebips zit, prima kunt loslaten. Maar die gedurende je dag toch behoorlijk wat trammelant veroorzaakt.

Dus hoe zorg je ervoor dat je je gedachten niet zo serieus neemt wanneer je wordt geconfronteerd met uitdagende situaties in het dagelijks leven?

Het is wat het is

Wanneer je begint met mediteren, zul je na een paar weken merken dat het makkelijker wordt om je gedachten van een afstand te bekijken. Niet alleen tijdens je meditaties, maar ook in het dagelijks leven. Je merkt dat je nieuwe gewoonte begint over te vloeien in de normale gang van zaken. Je ontwikkelt een nieuw perspectief, een beetje alsof je een 'toeschouwer' bent van je eigen gedachten. Je 'ziet' jezelf denken, je ziet de oordelen, de angsten, de verwachtingen en gevoelens steeds duidelijker passeren, alsof je het bekijkt in een bioscoop waar ze nooit de popcorn opvegen en alleen héle slechte films draaien. Je zit ineens in het publiek en ziet alle mafheid in je bol moeiteloos passeren.

Je ziet het drama ontstaan en je merkt hoe de gevoelens erop volgen. Het ene moment is alles prima, het volgende moment zit je met hartkloppingen omdat er een wervelstorm aan gedachten is opgelaaid over die nieuwe verantwoordelijkheid op je werk waar je je onwijs onzeker over voelt. Vervelend als je het gevoel hebt dat die film echt is, best vermakelijk als je je eenmaal in de toeschouwerpositie bevindt. Als toeschouwer is het leven toch beter. Ik zou niet willen ruilen met de personages in *La La Land*. Hoewel ik Los Angeles een leuke stad vind en tapdansen op verweerd asfalt me op een of andere manier verrassend bevredigend lijkt. Mijn zangtalent zou me in de steek laten en ik vind een liefdesleven zonder al dat gezanik en gekonkel toch prettiger. Maar goed – dat is heel persoonlijk.

Je werkt jezelf door regelmatig te mediteren dus naar 'achteren'. Van acteur in die film naar toeschouwer van diezelfde film. Je klimt uit het scherm, dat is een grote stap. En vanaf daar beweeg je steeds een rij naar achteren. Je hoeft je overigens niet druk te maken over je stoelnummer, want je bent de enige toeschouwer. Logisch, want anderen zouden jouw drama niet lang kunnen waarderen. En bovendien zijn anderen veel te druk bezig met spelen in hun eigen abominabele films – prima.

Je speelt niet langer alleen de hoofdrol in het drama dat jouw leven heet. Je bent nu ook toeschouwer. Dit nieuwe perspectief neem je vervolgens met je mee je dag in, waardoor je gedurende je dag minder snel wordt meegesleept door drama. Er ontstaat een kleine buffer, een kleine afstand tussen wat er zich afspeelt in je hoofd en hoe je erop reageert. Je wordt minder meegesleept door je gedachten. Je ziet ze voor wat ze zijn, je ziet het drama ontstaan en je hebt de vrijheid om te zeggen: 'Oké, klaar.' En die kleine afstand is goud waard. Het is het verschil tussen direct ingaan op alles wat je denkt, en even stilstaan om te zien wat je denkt en die gedachten gewoon voorbij te laten waaien.

Billy noemt mij weleens een wijsneus. Iets wat ik altijd zeer onaardig vond en bovendien bijzonder onwaar. Ik ben namelijk geen wijsneus, en als ik ongevraagd 'wijsheden' met mensen deel dan doe ik dat om hen te helpen. Althans – zo keek ik ernaar voordat ik begon met mediteren. Want zodra ik mijn gedachten duidelijker zag, en kon zien wat mijn motivatie was om dingen te zeggen, besefte ik ineens heel duidelijk dat Billy gelijk had. Ik ben soms een behoorlijke wijsneus – zelfkennis is een bitch.

Maar zodra ik dit inzag, werd het ook meteen een stuk makkelijker om minder wijsneuzerig te worden. Omdat ik ineens de reden zag waarom ik bepaalde dingen in de groep gooide. Dan maakte ik opmerkingen niet om een nuttige bijdrage aan de conversatie te leveren, maar omdat een deel van mij erkenning en goedkeuring zocht. *Want als ik maar genoeg slimme dingen roep, dan zullen mensen me slim vinden en van me houden. En dat is nodig zodat ik van mezelf kan houden* – dat is de strekking van de onderliggende gedachte.

Doordat er afstand begon te ontstaan tussen mijn gedachten en mijn waarneming, begon ik mijn motivaties duidelijker te zien. En plotseling werd het een stuk eenvoudiger om de onnodige dingen te laten varen en mijn aandacht te richten op woorden en daden die iets constructiefs bijdragen. Ik heb tegenwoordig bijvoorbeeld door hoeveel onzin ik uitkraam. Dan voel ik de drang opkomen om iets te bespreken wat helemaal niet besproken hoeft te worden. En voor iemand die is opgegroeid in een gezin waar mijn moeder, mijn twee zussen en ik constant praten, is dat best een openbaring. Mijn vader zegt altijd: 'Als er maar geluid uit komt.' En ik vond dat altijd een beetje overdreven, want ik vond dat ik uitsluitend nuttige dingen zei. Maar ik ben het steeds vaker met hem eens. Het is bijna indrukwekkend hoeveel overbodige dingen mijn brein wil delen. En nu ik steeds vaker de toeschouwer ben van dit alles, kan ik er gewoon voor kiezen om m'n mond te houden als het weinig toevoegt.

Dat is fijn voor mijn omgeving natuurlijk. Want het betekent dat ik een betere luisteraar ben geworden, en relaxter in de omgang. Maar het is ook fijn voor mij. Want met al dat geblaatschaap maak ik het leven alleen maar complexer en drukker. Twee dingen waar ik niet naar op zoek ben.

Nu ben ik hier natuurlijk niet perfect in. En ik verwacht ook niet dat dat ooit zo zal zijn. En dat is ook één van de dingen die je moet beseffen: *perfectie bestaat niet*. Niet op die superheldmanier waarop alles gaat zoals je wilt en jij altijd alles doet precies zoals je van plan was.

Dus wat kun je het beste doen als je – ondanks je beste bedoelingen – wordt geconfronteerd met drama waar je je door laat meeslepen? Simpel: *accepteren en loslaten*.

Het is wat het is. Ik ben af en toe een wijsneus, en ik kan het niet altijd helpen. Soms, in situaties waarin ik me onzeker voel bijvoorbeeld, voel ik de noodzaak om 'slimme' dingen te zeggen in de hoop dat ik goedkeuring ontvang. Of erger nog – grapjes te maken waarvan ik overtuigd ben dat ze hilarisch zijn, maar waarbij ik de enige blijk met die overtuiging. En dat is oké. Het is niet anders.

Zoals we al hebben besproken: *je kunt gedachten niet stoppen*. Dus het heeft geen zin om het te proberen. Gedachten komen gewoon. Het enige wat je kunt doen is je focus verplaatsen en de gedachten rustig voorbij laten waaien. Dat geldt tijdens je meditatie, en het geldt tijdens de rest van je leven.

Hoe ik mijn eigen drama creëer

Billy en ik zijn twee bezige bijen. Dat zijn we altijd al geweest, zowel los van elkaar als samen. Het zorgt ervoor dat we heel veel voor elkaar krijgen. En ook dat we het altijd maar druk hebben en daar dan over zaniken tegen elkaar en iedereen die het horen wil.

Na een periode van verbouwen en diverse andere ingewikkelde projecten waren we er helemaal klaar mee. We hadden er een gesprek over, en kwamen tot een inzichtelijke conclusie: *Dit stopt nooit, tenzij wij veranderen.* Dus kwamen we met een plan: *de komende maand starten we geen nieuwe projecten op*. Een behoorlijke uitdaging voor ons, en al in de eerste dagen begon ik te zien hoe ik constant mijn eigen drama creëer.

Want misschien herken je het – we denken dat we het zo druk hebben omdat de wereld ons nodig heeft. En vervolgens voelen we ons gevangen in de drukte. Maar als we goed kijken, zien we dat we het hele circus gewoon zelf veroorzaken met onze ontevredenheid en ons verlangen naar goedkeuring. Ik zag het zo gebeuren. Ik liep gewoon over straat, niets aan de hand. En ineens kwamen er gedachten naar boven over een nieuwe cursus die ik voor soChicken wil ontwikkelen. Heel dringende gedachten. Het één leidde tot het ander, en binnen een paar minuten was ik bereid om een nieuw project te starten. *Want dat kan ik natuurlijk wel*, maakte ik mezelf wijs – *een boek schrijven terwijl ik ook een cursus ontwikkel, een huis verbouw, een kindje adopteer, een reis voorbereid en ondertussen een sociaal leven onderhoud, een website draaiend houd en een lichaam verzorg, en tegelijkertijd allemaal fantastische dingen post op Instagram.*

Er waren tijden dat ik precies op dit moment naar mijn notitieboekje zou grijpen om de plannen te concretiseren. Om alles te noteren en in te delen, om grip te krijgen op de situatie en te doen wat nodig is om het allemaal voor elkaar te krijgen. Wat overigens niet zal lukken zonder de nodige ellende, maar dat is van later zorg.

Nu ik met Billy had afgesproken dat er geen nieuwe projecten mochten worden gestart en ik dagelijks mediteerde had ik iets meer afstand. Ik zag de gedachten komen. Ik merkte hoe de wervelwind ontstond. Hoe ik plotseling ontevredenheid voelde over mijn leven zoals het nu is, hoe al mijn aandacht naar mijn gedachten werd gezogen en ik vrijwel direct een gevoel van stress waarnam.

En ik zei: 'Bedankt, brein, maar nu even niet.' En ik liep lekker verder, zette een muziekje aan en leefde nog lang en gelukkig. En zonder burn-out enzo, niet onbelangrijk.

Dit hele spektakel overkwam me meerdere keren per dag. Zo gewend ben ik aan het creëren van werk. *Hé, misschien moet ik die kabels even opnieuw organiseren. Misschien moet ik het kantoor eens anders indelen. Zal ik eens een nieuwe sport oppakken? Misschien moet ik verhuizen? Misschien...* Pfff. *Luister eens, brein: misschien moet ik gewoon helemaal niets. Wat dacht je daarvan? Dát is pas een vernieuwende bezigheid, niets moeten.*

Zo, lekker rustig.

We maken ons eigen drama. En we zijn er dol op – totdat het uit de hand loopt, dan gaan we erover zeuren. En dat is prima zoals het is. Dat is hoe we onszelf bezighouden in een leven dat zonder drama saai zou lijken. 'Drama met mate' is mijn aanpak. Genieten van de trammelant maar me er niet door laten meeslepen. Observeer en gniffel, en leef vervolgens rustig verder. Dat is geen recept voor een goede film, maar wel voor een prima leven. Dat is ook wat waard.

Piekeren in bed

Laatst lag ik in bed te piekeren. Het is een bezigheid waar ik me niet graag mee bezighoud. Maar op een nacht deed ik het dus blijkbaar wel. Er kwamen van die gedachten die extra serieus lijken omdat het donker is. Want 's nachts voelt alles altijd net een beetje zwaarder. Ik vond het er allemaal heel heftig uitzien, dus ik maakte me zorgen. Waarover het ging kan ik me niet eens meer herinneren. Over werk, over een deadline, over zelftwijfels of van die existentiële vraagstukken die geen antwoord kennen maar wel blijven knagen.

Het breinlandschap was al snel overwoekerd door schaduwen. En ik lag te staren naar het plafond. Mijn hartslag was zelfs verhoogd – wat een ellende. Ik besloot mezelf te kalmeren met een rustige ademhaling. Na een paar minuten voelde ik me beter. Ik was weer toeschouwer. En ik realiseerde me iets heel simpels:

Ik ben te lui om deze problemen van me af te schrijven. Ik vind ze niet belangrijk genoeg om er nu aan te werken. Sowieso ben ik nu moe, dus ik kan er redelijkerwijs niet aan werken. Ik lig hier om te slapen. Als dit echt zo belangrijk is dan schiet het me vast wel weer te binnen. En zo niet, lekker rustig. Dus ik kan gewoon gaan slapen en ik hoef me nergens zorgen om te maken.

Voor ik het wist lag ik weer fijn te kwijlen op m'n kussen – precies zoals het hoort.

Als je vaak piekert dan weet je hoe machteloos het voelt om je eindeloos zorgen te maken zonder dat je echt iets kunt doen. Maar in die realisatie zit ook meteen je oplossing. Want piekeren doe je met gedachten. En die gedachten zijn niet tastbaar, niet waar. Het zijn gewoon scheten in je hoofd. En zelfs al zou je het allemaal heel serieus nemen, dan nog pieker je meestal over zaken waar je geen controle over hebt.

Je kunt de gedachten observeren, het drama aanschouwen. En vervolgens gewoon besluiten om het te observeren: *Piekeren vindt plaats, interessant.* Zo voorkom je dat de gedachten steeds meer momentum krijgen en je volledige aandacht opslokken. Probeer je aandacht maar eens te verschuiven naar je andere zintuigen. Want je brein is goed in overstemmen, maar er is meer te beleven in het moment. Verdiep je eens in het gevoel van de lakens langs je huid, om eens iets basaals te noemen. Ja – dit lijkt saai. Zeker saaier dan dat drama in je hoofd. Maar saai is precies waar je naar op zoek bent als je in slaap wilt vallen. En daarbij: vergeleken met gedachten lijkt alles saai in het leven. Totdat je begint te zien hoe hol drama uiteindelijk is. Drama lijkt eindeloos interessant. Maar het verliest zijn charme zodra je achter de schermen kijkt en ziet dat het allemaal maar voor de show was.

Wat is er nu? De sensatie van liggen op een zacht oppervlak, afgedekt met een zachte deken. Het is donker met enkel wat lichtstrepen langs de muur, je hoort geritsel van je kussen wanneer je je hoofd beweegt, je voelt je buik op en neer gaan, je ruikt de vertrouwde geur van je bed – en er zijn gedachten die om aandacht schreeuwen. De inhoud van die gedachten, dat is minder relevant op dit moment. Dus laat je lichaam in je matras zakken – tijd om te snurken.

Leven zonder drama

Als je je leven moeitelozer, rustiger en ongehaaster wilt maken, dan wil je het drama minimaliseren. En hoewel het soms lijkt alsof dit een onmogelijke opgave is, blijkt het makkelijker dan veel mensen denken. We zoeken de oplossing van drama voornamelijk buiten onszelf. Dan proberen we problemen op te lossen en de wereld zo in te richten dat het allemaal eindelijk kan voldoen aan onze verwachtingen. En als alles eindelijk helemaal is zoals we het willen hebben, dan is het drama voorbij.

Maar zo werkt het niet. Drama blijft bestaan totdat je het er met wortels en al uittrekt. En de wortels van drama liggen niet in je omgeving. Ze liggen in jezelf. Dat is wat wordt bedoeld met de uitspraak 'waar je ook gaat, daar ben je'. Ervaar je hier drama? Emigreer naar Bali en ontdek dat je daar – omringd door palmbomen – hetzelfde drama ervaart. Pas als je het drama oplost in jezelf ben je vrij – de rest is symptoombestrijding.

Dus hoe kun je dat doen? Waar begin je met het bouwen van een leven zonder drama? En hoe ziet zo'n leven eruit?

Een dag zonder drama

Stel je voor dat je geen drama hebt in je leven. Je wordt rustig wakker in een nieuwe dag, rekt je uit. Je opent je ogen en ziet de eerste zonnestralen door het gordijn spieken. En terwijl je langzaam bij bewustzijn komt gebeurt er iets *niet* wat anders wel zou gebeuren. Je ontwaakt en het blijft stil.

Geen stortvloed aan gedachten. Geen bak vol ellende. Geen dingen waar je je zorgen over maakt. Het is heerlijk stil in je hoofd. Geen gedachten als:

- *Pfff, dit wordt een ingewikkelde dag.*
- *Daar gaan we weer.*
- *O, ik moet opschieten.*
- *Mehhh, ik wou dat het weekend was.*
- *O ja – ik heb ruzie...*
- *O nee, vandaag moet ik naar de tandarts.*

Nee. Geen ellende, geen drama, geen gedoe.

Gewoon een rustig ontwaken. Je voelt de lakens langs je huid, de eerste ochtendgeluiden van buiten. Vogels, fietsen, auto's op weg naar hun werk. Alles is zoals alles is, niets aan de hand. Een nieuw moment op planeet Aarde, niets meer en niets minder.

Je begint je dag. Ontbijt maken en naar je werk. Buiten wisselen zon en bewolking elkaar af. De wind waait door de bomen en laat de bladeren ritselen. Er is verkeer, talloze mensen op weg naar hun bestemming. En jij voelt hoe de wind langs je wangen streelt. Hoe de aarde je voeten stevig naar zich toe trekt. Hoe je lichaam automatisch de frisse ochtendlucht naar binnen trekt, tot diep in je longen.

In, uit – in, uit.

Je ontspant je en je komt in beweging. Op weg naar de trein. Je beklimt de trappen en baant je een weg door de drukte. Eenmaal aangekomen op het perron ben je omringd door anderen. Mensen zoals jij, bezig met hun eigen ochtend. Sommigen kijken bezorgd, anderen kijken vrolijk. Je ziet mensen lachen, je ziet mensen staren naar hun telefoon. En jij kijkt voor je uit. Er zijn geen problemen, geen zorgen, geen gedachten. Gewoon een rustig 'zijn' in het moment.

Je ochtend loopt als een zonnetje tot dusver. Maar dat gaat veranderen. Er verschijnen rode cijfers op het bord. De trein blijkt vertraagd. En het zien van deze cijfers maakt van alles in je los. Door deze vertraging zul je te laat op je werk komen. Je merkt een plotselinge wervelstorm aan gedachten opkomen.

- *Ik kom te laat, shit.*
- *Vorige week was ik ook al te laat.*
- *Het is altijd gedonder op dit traject.*
- *Heb ik dit weer, ik krijg hier gezeur mee.*
- *Ik wil m'n leidinggevende niet teleurstellen.*
- *Pffffffffff – wat een ellende.*

De gedachten die je denkt maken gevoelens los. Gevoelens van frustratie, machteloosheid – zelfs angst. Angst om problemen te krijgen, angst om mensen teleur te stellen, angst voor het gebrek aan comfort dat een langere werkdag met zich mee zal brengen.

Je hartslag verhoogt, je ademhaling wordt oppervlakkig. Je voelt hoe er een knoop in je maag ontstaat. En je merkt hoe je aandacht langzaam maar zeker naar binnen wordt getrokken. Naar de gedachten in je hoofd. Plotseling merk je niets meer van de lachende mensen om je heen. Nee, je bent aan het nadenken. Je loopt je opties na, je overdenkt de consequenties, je repeteert hoe je dit gaat uitleggen op je werk. En al deze dingen gebeuren in een paar seconden. En het begint erop te lijken dat die rode cijfers op dat bord een hoop drama gaan veroorzaken...

Maar je bent niet meer wie je was. Niet meer zoals vroeger, toen dit soort kleine dingen je hele dag in de war schopten. Want sinds je bijna dagelijks mediteert ben je gegroeid. En je ziet precies wat hier gebeurt. Waar je vroeger meteen werd meegezogen door deze wervelstorm, heb je nu meer afstand van het drama. Je observeert de veranderingen in je lichaam. En je gebruikt ze als alarmbel. Je weet dat dit soort gevoelens altijd volgen wanneer je stressvolle gedachten serieus neemt. Je ziet de gedachten komen, je observeert de gevoelens die erop volgen, je merkt dat je de neiging hebt om jezelf te laten meezuigen.

Maar dat doe je niet. Want je beseft wat de waarheid is: *het is wat het is*. Trein vertraagd, niets aan te doen. Buiten jouw controle. Je kunt nu op dit moment niets anders doen dan wachten tot de trein komt.

Je brengt je aandacht weer terug naar het moment. Je ademhaling kalmeert. De donkere wolken in je hoofd maken plaats voor de blauwe lucht. Drama succesvol afgewend.

Gedurende de dag gebeurt er van alles. Gedachten komen en gaan, en jij blijft voortdurend loslaten:

- *Ik ben hier niet goed in.* – laat los.
- *Als hij nou gewoon eens naar me zou luisteren!* – laat los.
- *Dit is te veel saaiheid, ik wil gewoon filmpjes kijken op YouTube.* – laat los.

Je begint te merken dat een dag gewoon is opgebouwd uit een serie van momenten. Dat je brein zich het liefst bezighoudt met straks, met wat er later gaat gebeuren. Maar dat er alleen *hier en nu* is. Je neemt je gedachten niet meer zo serieus als vroeger. Je ziet ze komen en gaan, als wolken aan de lucht. En dat is prettig. Want gedachten blijken de oorsprong van al het drama in je leven.

Dingen *zijn* – het zijn je gedachten over die dingen die er een drama van maken.

Leven zonder drama. Het voelt als leven met wind mee. Moeiteloos, aangenaam en eindeloos fascinerend. Ik weet het, omdat ik steeds meer van dit soort momenten ervaar. Steeds meer momenten waarop ik kan terugkeren naar de blauwe lucht, zodat ik me niet laat meeslepen door al die gedachten.

En dan blijkt het leven ineens verrassend eenvoudig. Het is de ultieme vorm van minimalisme. Als je minder in je hoofd leeft wordt alles minder ingewikkeld. Dolle pret, en dat soort dingen. Maar er is meer te doen. Laten we eens kijken wat je kunt bereiken als je niet alleen drama durft los te laten, maar ook leert leven zonder anderen en jezelf te veroordelen.

DUS?

- Dus drama geeft het leven kleur en maakt het amusant. Maar als je erin verwikkeld bent voelt het heel serieus en ellendig.
- Door te mediteren kun je afstand creëren van je drama, waardoor je ziet dat je zelf kunt kiezen hoeveel drama je in je leven wilt hebben.
- Zo kun je vrijkomen van piekeren, de slachtofferrol en andere ellende.

In je eigen windmachine

Drama voelt het sterkst wanneer je het gevoel hebt dat je een slachtoffer bent. In je eigen windmachine vind je inspiratie om de slachtofferrol voor eens en altijd achter je te laten. Scheelt je in de toekomst sowieso een hoop keuzestress bij het chocoladeschap.

sochicken.nl/windmachine

8
SCHRAP JE OORDELEN EN MAAK JE LEVEN LEUKER

Oordelen zijn gewoon gedachten. Maar het zijn gedachten met een specifieke lading. Een beetje alsof je wordt ontvoerd en achter in een bus wordt gegooid met handen en voeten vastgebonden en een zak over je hoofd. Je kunt geen kant op, en echt blij word je er niet van. Veroordelende gedachten maken ons klein, verkrampt en onvrij. En dat doen ze niet alleen voor ons. Onze oordelen over anderen doen precies hetzelfde. Wanneer je oordeelt over een ander – en zeker wanneer je je oordelen uit – maak je deze mensen kleiner. Dan laat je ze niet vrij om te zijn wie ze zijn.

En laat ik het iets specifieker maken, want waar heb ik het over als ik praat over oordelen? Is een oordeel problematisch als het een positief oordeel is? Als je zegt: 'Dat is een mooie lama waarmee u over de Lijnbaan loopt, meneer.' Ik denk van niet. Je kunt dingen fijn of minder fijn vinden, wenselijk of minder wenselijk. De problemen ontstaan wanneer je dingen denkt als: *Het is goed als mensen met lama's over de Lijnbaan lopen. Maar het is slecht als mensen wandelen met hun fret.*

Op het moment dat je allerlei verwachtingen koestert rondom 'goed' en 'slecht', beginnen de problemen. Zowel in jezelf als bij anderen.

Zoals ik al zei – oordelen zijn gewoon gedachten. Gewoon scheten in je hoofd. Maar je weet hoe dat gaat. Er zijn de alledaagse scheten – scheten waar je aan gewend bent. Je laat een scheet, er passeert een milde lucht, het vervliegt snel en het is oké. Maar soms – soms laat je een scheet waarvan je wenkbrauwharen bijna uit je voorhoofd vallen. Veroordelende gedachten vallen in de tweede categorie. Ze stinken harder en blijven langer hangen. Wanneer je ze als zodanig begint te herkennen zul je ontdekken dat je jezelf veel vrijer kunt maken dan je denkt.

Waarom oordelen niet werken

Oordelen helpen ons niet omdat ze niet stroken met de realiteit. Wanneer je iets of iemand veroordeelt dan plak je er een 'goed'- of 'slecht'-sticker op. En hoewel we zoveel stickers kunnen plakken als we willen, het maakt de situatie niet anders. De situatie blijft een neutrale gebeurtenis die zich ontvouwt in jouw leven, in jouw waarneming. Gewoon een gebeurtenis op planeet Aarde. We kunnen eindeloos discussiëren en filosoferen over welke dingen goed zijn en welke dingen slecht zijn. Maar er is uiteindelijk maar één ding dat je daadwerkelijk kunt waarnemen: *dingen zijn*. Meer niet.

Zijn er dan geen slechte dingen? Ik zie er geen bewijs voor. Er zijn dingen. Dingen die je wellicht onwenselijk vindt. Zoals een of andere vage uitslag die zich ontwikkelt op je linkerbil. Dat is niet slecht, het is ook niet goed. Het is gewoon wat het is. En de conclusie die jij waarschijnlijk trekt is dat het vooral erg onwenselijk is. Logisch, gezien de doelen die de meeste mensen hebben: gezond en gelukkig zijn. En geen jeuk hebben.

Er zijn ook een heleboel dingen die we gezamenlijk – als samenleving – als onwenselijk beschouwen. Dingen als oorlog, criminaliteit, geweld en allerlei andere ellende. De meeste mensen in onze samenleving beschouwen deze dingen als onwenselijk. En we doen in onze samenleving dan ook een heleboel om lichamelijk leed en ongemak bij mensen te minimaliseren. En in groeiende mate wordt er ook steeds meer gedaan om mentaal leed te verminderen, gelukkig maar. En je zou kunnen redeneren dat dit een 'goede' ontwikkeling is. Maar we vinden dit goed omdat het leidt tot wenselijke resultaten. We willen rust en vrede ervaren, dus helpt het als we ons gedragen op manieren die leiden tot meer rust en vrede.

En is geweld dan per definitie slecht? Is leed veroorzaken het tegenovergestelde van 'goed'? Ik zou zeggen van niet. Stel dat een willekeurig persoon van plan is om een kernproef uit te voeren in Lelystad, waardoor de complete provincie opnieuw wordt omgetoverd tot Zuiderzee, en de enige manier om dit te stoppen is die persoon een klap op z'n kop te geven. Moeten we dit dan niet doen?

Natuurlijk doen we dat wel. Geweld is – net als alle andere dingen – niet goed of slecht. Maar meestal is het onwenselijk, totdat het ineens wenselijk wordt of minder onwenselijk dan het alternatief.

Het punt is: zolang we druk bezig zijn met overal 'goed'- en 'slecht'-stickers op plakken, raken we kwijt hoe het leven echt werkt. En het maakt niet uit, natuurlijk. Je kunt elke week gezellig samenkomen met vrienden om vast te stellen wat goed en slecht is. En ook al worden jullie het samen eens – het verandert niets aan de realiteit.

Dit wil overigens niet zeggen dat het ineens oké wordt om overal waar je gaat leed te veroorzaken. Het kán natuurlijk wel. Maar weet je – dat kon je al die tijd al. Alleen je deed het niet. Misschien deed je het niet omdat je dacht dat het inherent 'slecht' was en hield die gedachte je tegen. De kans is groter dat je probeert lief te zijn voor mensen omdat je merkt dat dat simpelweg beter werkt.

Als mensen hebben we een aantal voorwaarden en doelen om een goed leven te hebben. We willen gezond en gelukkig zijn. En om dat voor elkaar te krijgen is het belangrijk dat we zorgen voor veiligheid en stabiliteit. Dat we een sociaal netwerk ontwikkelen zodat we ons leven kunnen delen en op mensen kunnen terugvallen in tijden van tegenslag. Samenwerken, compassie, vriendelijkheid – het zijn eigenschappen die zijn ingebouwd in wie we zijn. Omdat die eigenschappen ons helpen een goed leven op te bouwen en de kans te vergroten dat we als soort blijven bestaan. Er is een reden dat je schrikt als je een groot insect, een slang of een spin ziet – die reactie zit ingebouwd diep in je zenuwstelsel omdat spinnen, slangen en insecten gevaarlijk kunnen zijn. Zeker in de leefomgevingen waarin onze vroege voorouders moesten overleven.

Wegrennen voor slangen dient ons wel, leed veroorzaken bij onze medemens dient ons over het algemeen niet. En daarbij – we zijn zulke gevoelige wezens dat we het vaak simpelweg niet over ons hart kunnen verkrijgen. Het waarnemen van leed activeert een heleboel in ons. We voelen medeleven en willen iets doen om aan dat leed een eind te maken. Dat geldt voor de meeste mensen, maar niet voor alle mensen. En ik heb gemerkt dat ik steeds minder goed tegen leed kan naarmate ik mezelf verder ontwikkel. Want hoe verder ik groei, des te meer ik me verbonden voel met de wereld om me heen, des te meer ik leed bij anderen ga voelen als leed bij mezelf. Compassie is mooi spul.

Zoals broccoli goed werkt als je gezond wilt zijn, een vliegtuig goed werkt als je wilt vliegen en regen goed werkt om water te verspreiden over de planeet – zo werkt het voorkomen van leed goed voor het gedijen van ons als individuen en als samenleving. En hoe meer leed we kunnen voorkomen of wegnemen, des te beter we kunnen functioneren. Tot op zekere hoogte. Want weet je – leven is niet zonder leed. En dat kan ook niet. Natuurlijk kunnen we veel verder komen in het verminderen van lichamelijk leed, van fysiek ongemak. En ik verwacht dat we daar in de nabije toekomst niet zoveel meer van hoeven ervaren. Maar dan verschuift het zwaartepunt gewoon dieper onze psyche in. Dan wordt het leed meer mentaal, meer 'spiritueel'. En dat is niet eens zo onwenselijk. Want we hebben een bepaalde mate van leed nodig om in actie te komen, om te veranderen, om onszelf te ontwikkelen tot meer liefdevolle, kalme, bewuste en gelukkige versies van onszelf.

Dus leed – het is niet leuk, totdat het onmisbaar wordt. En ondertussen zien we het vooral als onwenselijk. En dat is oké. Maar is het slecht? Ik denk van niet. Het is als een plas regen na een flinke bui. Irritant als je erin staat met je nieuwe witte sneakers, perfect als je een musje bent en op zoek bent naar een verfrissend bad.

Maar waarom is er zoveel leed in de wereld?

Waarom niet? Als je goed om je heen kijkt – of beter: als je goed in jezelf kijkt, zie je al snel waarom. We zitten vol met scheten. Het zijn veelal onze gedachten die leed veroorzaken.

Je koestert het idee dat je eigenlijk slanker, succesvoller, productiever, socialer, aantrekkelijker, sportiever, populairder en rijker zou moeten zijn. En je observeert je leven en je ziet dat je dat allemaal niet bent. En dat is natuurlijk gewoon zoals het is. En de enige logische reactie op die realiteit is acceptatie, omarmen *wat is*. Maar die gedachten in je hoofd voorkomen dat je jezelf kunt accepteren. Die gedachten zorgen ervoor dat je gelooft dat je niet goed genoeg bent. Dat je beter zou moeten zijn op allerlei manieren. Dat er iets mankeert.

En dat veroorzaakt leed. Je voelt je naar en ellendig. Er ontstaat spanning. En die spanning uit zich op allerlei manieren. Te hard werken, faalangst, uitstelgedrag, compensatiegedrag, constant goedkeuring zoeken, verstoorde relaties vol verwachtingen, agressief gedrag, depressies, verslaving, burn-outs, ongezond eetgedrag, lichamelijke klachten – noem het maar op. De lijst van potentieel leed is eindeloos. En het heeft allemaal weinig te maken met hoe de wereld is. Het heeft weinig te maken met hoe jij bent. Het wordt voornamelijk veroorzaakt door die gedachten die de boel behoorlijk laten stinken daarbinnen.

Het is makkelijk om te zien, als je verder kijkt, hoe dit soort gedachten kunnen leiden tot nog veel meer ellende. Misschien heb je de gedachte ontwikkeld dat je beter bent dan anderen, dan een specifieke groep mensen. Mensen met een andere huidskleur, een andere religie, afkomst, smaak in meubels, geaardheid, levensstijl, overtuiging – noem maar op. Als je wilt zijn er eindeloos veel manieren om jezelf en de mensen om je heen te onderscheiden. En als jij echt gelooft dat jij beter bent omdat je anders denkt, dan is het niet zo vreemd dat je op een bepaald moment gelooft dat jij dus ook gerechtvaardigd bent om leed te veroorzaken bij die andere groep.

Want ja – jij staat in je recht. Jij bent immers een beter mens. En we hoeven niet eens ver terug te kijken om hier duidelijke voorbeelden van te vinden. In de krant van vandaag bijvoorbeeld. Mensen kunnen ver gaan vanwege een gedachte. En sterke overtuigingen die voortkomen uit angst zijn vaak de gedachten die het meeste leed veroorzaken.

Leed is overal omdat er overal leed in ons zit. We kunnen onszelf niet accepteren. We kunnen niet van onszelf houden. We kunnen niet leven in het moment. We zijn verwikkeld in allerlei verhalen en gedachten waardoor we nooit eens kunnen ontspannen. Nooit kunnen genieten van het leven zoals het zich ontvouwt. En al die angst, al die spanning, komt naar buiten op manieren die korte tijd helpen om de stress te verlichten – maar op de lange termijn vooral een heleboel leed veroorzaken. Wraak nemen voelt goed omdat het de spanning tijdelijk vermindert. Maar als de persoon op wie je wraak nam er ook zo over denkt, dan kom je vast te zitten in een eindeloze cyclus van ellende. Net zolang tot één van jullie 'wijzer' wordt en de waanzin van de situatie inziet.

Een persoon helpen inzien dat het veroorzaken van leed niet effectief is, dat is nog wel te doen. Maar een complete samenleving helpen veranderen, dat kost generaties. En we zitten daar nu middenin. In een tijdperk waarin lichamelijk menselijk ongemak in groeiende mate stap voor stap wordt verminderd, waar het plaatsmaakt voor mentaal ongemak. Depressie, burn-out, het gevoel van *Is dit alles?* – je kent het wel. En vanaf hier groeien we verder, richting 'spiritueel' ongemak. Dat zien we overal om ons heen al gebeuren. Een nieuwe revolutie waarin we al die ballast rondom gender, seksualiteit, ras, culturele achtergrond en religie van ons af pellen. En verder kijken naar het leed dat we niet zien. Waar dierenleed in de jaren '50 nog grotendeels irrelevant was voor de meeste mensen, staat het nu hoog op de agenda bij veel mensen. En onze impact op talloze onmisbare ecosystemen is een onderwerp dat inmiddels wereldwijd op de maatschappelijke agenda's is beland. Een steeds grotere groep mensen groeit steeds verder. Logisch, want elke nieuwe generatie staat op de schouders van de vorige. Gecombineerd met het ontstaan van het internet en exponentiële groei van technologische ontwikkeling, is het onvermijdelijk dat steeds meer mensen verder zullen komen. Dat meer mensen zich ontwikkelen en het leed in zichzelf verminderen. En daarmee het leed in de wereld.

En zoals met zoveel dingen in het leven – leed zal nooit verdwijnen. Maar wat we wel kunnen doen is ons leed 'upgraden'. Want 'spiritueel' leed is volgens de meeste mensen wenselijker dan fysiek leed. Hoewel je daar waarschijnlijk anders over denkt als je momenteel door een diepe en schijnbaar eindeloze existentiële crisis gaat.

Punt is: sommige problemen zijn beter om te hebben dan andere. Dat een persoon die momenteel dakloos is wellicht geldproblemen ervaart verrast niemand. Maar een miljardair ervaart ook geldproblemen. Want met al dat geld moet je toch iets, en het beheer daarvan (of het spenderen of weggeven ervan) brengt allerlei uitdagingen met zich mee. Ik denk dat je kunt stellen dat de meeste mensen wel weten voor welke problemen ze zouden kiezen – hoewel een gestreste miljardair misschien af en toe stiekem juist verlangt naar een simpeler leven zonder miljoenen op de bank.

Hoe dan ook – leed bestaat. Net zoals zwaartekracht bestaat. En doorgaans vinden we zwaartekracht prima. Zolang we niet van hoge gebouwen springen is leven met zwaartekracht prima. Is het goed of is het slecht? Dat is moeilijk te zeggen. Het is wat het is, dat is alles wat je erover kunt concluderen. Net zoals vrijwel alle dingen in het leven – het is maar wat je probeert te bereiken.

En hoe kan ik leren minder te oordelen?

Om te beginnen, besef dat je door anderen te veroordelen een kans laat liggen om te groeien. Je kunt ervan uitgaan dat ieder mens wijzer is dan jij op een bepaald gebied. Wanneer je mensen veroordeelt dan stop je ze in een hokje. Je maakt ze veel kleiner dan ze zijn, voor je eigen gemak. Dat is niet alleen zonde omdat het je belemmert je relaties te verdiepen. Het is ook zonde omdat je voor jezelf een kans laat liggen om van de ander te leren.

Ieder mens kan jou iets leren. Juist de mensen die je normaal niet zou toelaten in je leven. Dat merk ik keer op keer, zowel thuis als op reis. Mijn verwachtingen zeggen niets over de ander. En het werkt twee kanten op. Want al heeft een ander je op het eerste gezicht niets 'nieuws' te leren, dan kun je vaak wel een heleboel over jezelf leren. Je ervaring met mensen die voor jou lastig zijn vormt bijvoorbeeld een geweldige oefening in geduld, compassie, begrip en zelfbeheersing. Vrijwel iedereen kan je op een of andere manier helpen groeien als je ervoor openstaat.

Doe je best om verwachtingen van anderen los te laten. Mensen hoeven zich niet te gedragen naar jouw maatstaf. Als de hele wereld dat zou doen zou het een saaie boel worden. Besef daarnaast dat jouw manier niet de beste manier is, maar slechts een manier. En weet dat een open houding je uiteindelijk meer oplevert in de vorm van een ontspannen leven en rijkere relaties. Probeer mensen niet te veranderen. Je kunt mensen inspireren, maar ze veranderen alleen als zij dat zelf willen. Werken aan jezelf is veel effectiever dan anderen pushen of manipuleren. Geniet liever van mensen zoals ze zijn. Ook als ze niet zijn zoals je zou willen dat ze zijn. Luister naar ze en besef dat er altijd iets te leren valt. Want als je altijd over jezelf praat leer je weinig.

De volgende keer als je een oordeel voelt opkomen, houd hem dan eens tegen het licht. En onderzoek of je hem los kunt laten en de ander zonder verwachtingen tegemoet kunt treden.

Weet dat je nooit het hele verhaal kent

Vaak hebben we onze oordelen al klaar voordat we enig idee hebben waar een ander doorheen is gegaan. Het enige wat jij ziet is een klein deel van het eindresultaat. Het resultaat van een leven vol gebeurtenissen. Iemand die dominant overkomt is vroeger misschien gepest. Iemand die zijn uiterlijk naadloos laat aansluiten bij de rest van de groep wil er dolgraag bij horen. De persoon die altijd over zichzelf praat is op zoek naar de bevestiging die zijn moeder hem nooit gaf.

En dat stemmetje in jou dat mensen zo graag in een hokje wil stoppen komt voort uit angsten en onzekerheden die jij hebt opgepikt in je leven. Hoe kun je over iemand oordelen als je zo weinig over de ander weet? En zelfs als je de ander wel kent – dan nog zie je slechts het topje van de ijsberg. Een mensenleven is eindeloos genuanceerd en gecompliceerd. Geen enkel oordeel doet recht aan de persoon die je voor je hebt. Dus het heeft geen zin om eraan te beginnen.

Oordelen maakt je iemand die je niet wilt zijn

Dit is één van de belangrijkste redenen waarom ik er zelf aan ben gaan werken om minder te oordelen. Wanneer je een ander veroordeelt, op wat voor manier dan ook, breng je onderscheid aan. Je vertelt jezelf heel duidelijk dat jij en de ander los van elkaar staan. En dat jij beter bent. Dat je op een of andere manier superieur bent. Het is een gedachte die begrijpelijk is – iedereen voelt zich graag goed over zichzelf. Maar het is ook een gedachte die onwaar is en veel problemen kan veroorzaken.

Waarom? Omdat superioriteit een misverstand is dat ontzettend veel leed veroorzaakt in de wereld. Mensen doen elkaar alleen kwaad als ze denken dat ze daartoe het recht hebben. En ze vinden dat ze het recht hebben wanneer ze besluiten dat ze beter zijn dan de ander. Iedereen bewandelt haar of zijn eigen levenspad. Dat sommige mensen kiezen voor een ander pad dan jij, of een maatschappelijk minder acceptabel pad, wil niet zeggen dat ze als mens minderwaardig zijn. Er is geen reden om zo'n gedachte te koesteren. Mensen zijn mensen. Verschillend, natuurlijk. Maar daardoor niet automatisch beter of minder goed.

En denk hier eens over na: hoe jij oordeelt over anderen legt bloot hoe je over jezelf denkt. Je ziet waar jouw angsten en onzekerheden liggen. Want als je perfect tevreden bent, mensen benadert vanuit compassie en zelfliefde beoefent, dan valt er niets te oordelen. Dan is alles gewoon wat het is, en kun je het (meestal) laten zoals het is. Dan voel je je niet alleen veel kalmer. Maar kun je ook optimaal genieten en leren van al die mensen om je heen die anders zijn dan jij. Dat leeft een stuk lekkerder.

Dat is de reden waarom dit zo'n knelpunt is voor veel mensen. Constant overal iets van vinden, altijd maar bezig zijn om de wereld in te delen in 'goed' of 'slecht' – het is een doodvermoeiende bezigheid. Een bezigheid die niet alleen schade aanricht, maar bovendien je leven onnodig moeilijk en dramatisch maakt. En jij kunt voor jezelf bepalen om ermee te stoppen en het leven te zien voor wat het is: *een groot ingewikkeld grijs gebied*. Waar niets het een is of het ander, maar altijd een beetje van beide.

Tijdens je meditaties train je om de werkelijkheid te observeren zonder erover te oordelen. Jeuk op je been is gewoon een sensatie. Gedachten die langswaaien zijn gewoon scheten, simpele sensaties in je brein. Niet goed of slecht, gewoon een onderdeel van jouw waarneming op dit moment. Hoe regelmatiger je mediteert, des te makkelijker het wordt om deze kijk op de wereld mee te nemen in de rest van je leven. Je ontwikkelt een staat van *gelijkmoedigheid*, een stabiele en kalme plek vanwaaruit je je leven tegemoet gaat. Vanuit innerlijke rust, liefde en *compassie*. Je gaat niet meer door het leven als een soort labelingmachine. Je voelt niet langer de noodzaak om overal een oordeel over te hebben, om alles in een hokje te stoppen. Je merkt dat je je opent en dat je *dat wat is* vaker gewoon laat zijn.

En nee, dat betekent niet dat je alles ineens maar goed moet vinden. Er zijn nog altijd dingen die je zeer onwenselijk vindt en waar je tegen wilt optreden. Maar het verschil is dat je niet langer in actie komt omdat je gelooft dat dingen inherent 'goed' of 'slecht' zijn, maar simpelweg omdat je ziet dat er anders een onwenselijke situatie ontstaat. Zo zou ik stellen dat er geen slechte mensen zijn, maar dat mensen wel zeer onwenselijk gedrag kunnen vertonen gezien de doelen die je wilt bereiken. Als jij uit bent op rust en gezondheid, en iemand mept je in je gezicht met een elektrische vliegenmepper dan is het logisch dat je daar iets mee doet.

Dingen *zijn*, dat is alles wat je kunt waarnemen. De rest – je poging om *dat wat is* handig in te delen in hokjes – is opgebouwd uit scheten. En doorgaans veroorzaak je er meer leed mee dan je ermee wegneemt. Dat is de reden dat ik mijn best doe om minder te oordelen. Wellicht word jij er ook blij van.

DUS?

- Dus 'goed' en 'slecht' zijn altijd relatief. En het heeft dus ook weinig zin om de wereld constant op te delen in deze twee categorieën.
- Je oordelen veroorzaken leed bij anderen en bij jezelf.
- Door te stoppen met oordelen kun je leren de wereld om je heen te accepteren zoals hij is, waardoor je leven lekker moeiteloos voelt.
- Dat betekent niet dat je alles maar 'goed' vindt. Het betekent dat je ziet dat niets inherent 'goed' of 'slecht' is, maar dat je dingen nog steeds *onwenselijk* kunt vinden.

In je eigen windmachine

Wil je verder lezen over oordelen en hoe je beter kunt worden in het beoefenen van compassie? Log in op je eigen windmachine voor meer tips en inspiratie.

sochicken.nl/windmachine

9
JE SNELWEG NAAR RUST EN TEVREDENHEID

Het was een flinke klus. Niet zozeer voor mij, hoor, hoewel ik me alsnog aanstelde. Een paar maanden eerder waren Billy en ik aan het flirten met het idee om te verhuizen. We zouden gewoon binnen Delft blijven. Maar in plaats van een arbeidershuisje uit 1870 in een schattige arbeiderswijk keken we naar een iets groter huis aan de gracht, eerder uit 1780. We brachten zelfs een bod uit, en zagen onszelf al helemaal zitten. Veel licht, een prachtig uitzicht, een gracht voor de deur vol met waterlelies – wat wil een mens nog meer.

Nou, een iets minder hysterische huizenmarkt zou fijn zijn. Want ons nieuwe paleisje zat al aan de bovengrens van onze begroting, en we werden bovendien begroet door de nieuwste trend in de woningmarkt: ver boven de – toch al veel te hoge – vraagprijs bieden.

Ik besloot niet aan dat spelletje mee te doen. Want we hebben al een prima huis. Het enige probleem was – wat voelde als – de oneindige duisternis in onze woonkamer. Want ja, om een of andere reden werd onze woonkamer gesierd door een paar oude halve muren, die vanaf het plafond een derde van de ruimte vulden. Een restant van een oude voorkamer of iets dergelijks. En de woonkamer werd van de keuken gescheiden door een krappe ronde toog, die we altijd al lelijk hebben gevonden. Maar ja, draagmuur. Dus we zijn er maar nooit aan begonnen.

En toen zat ik op een dag te mediteren, en ineens zag ik het licht. Nee, niet op die manier. Ik kreeg gewoon een idee over een slimme verandering. Ik dacht: *Alleen al voor de overdrachtsbelasting die we kwijt zouden zijn voor dat andere huis, kunnen we de woonkamer laten verbouwen!* Nu laat ik dit soort ideeën normaal gesproken lekker los tijdens mijn meditatie. Want een meditatie is geen brainstormsessie, het doel is observeren *wat is* – niet het opstellen van een projectplan. Maar het idee liet me niet meer los. Dus zo kwam het dat er een paar aannemers door ons huis liepen met sloophamers, betonzagen en een nietenschieter die me eindeloos op de zenuwen werkte. Binnen no time waren die rare hangende muurtjes verdwenen. En ook de toog naar de keuken maakte plaats voor een radicale doorbraak waardoor het licht nu aan twee kanten onze veel ruimere woonkamer in danst.

Zo, dat scheelt weer een verhuizing.

Billy legde een nieuwe vloer, ik schilderde de strakke wanden zo goed als ik kon. En ik bleek het goed te kunnen. Dus ik wees alle bezoekers op mijn prachtige strakke schilderwerk, wel zo attent.

De woonkamer was af. Ruimer, lichter, meer Pinterest en minder Wehkampcatalogus uit 1985. Allemaal goed. Het voelde goed. Sterker nog – dit was een moment waarop ik weer eens werd geconfronteerd met het eindeloos fascinerende gevoel van tevredenheid.

Tevredenheid is dolle pret

Ik zeg altijd maar zo: 'Als je tevreden bent, dan ben je klaar.' Niet klaar in de zin dat je tijd gekomen is (hoewel het qua timing perfect zou zijn) – nee, eerder het tegenovergestelde. Als je tevreden bent dan is het leven zo goed als het mogelijk kan zijn. Dan is alles prima, geweldig, precies goed. Dan voel je je dankbaar en blij. Dan is er niets meer wat je zou veranderen – tenminste, niet op dat moment.

En dat is wat ik voelde zodra de aannemers voor de laatste keer de deur achter zich dichttrokken. Ik voelde me heerlijk. Nieuwe woonkamer, alles mooi – eindelijk uit het vre-se-lijke bouwstof dat tot in elke kier van ons huis was doorgedrongen. Geen aannemers meer over de vloer, geen zenuwen rondom de nietenschieter. Ik had mezelf zelfs een nieuwe tv cadeau gedaan. Want ik verdoe mijn vrije tijd regelmatig met het bouwen van steden en cowboytje spelen op mijn PlayStation, en met mijn nieuwe – iets grotere – tv kon ik dat eindelijk vanaf de bank doen in plaats van de vloer. Met daglicht om me heen en soms zelfs zonneschijn! Heerlijk.

En toen begon het. Ik wist al dat het ging gebeuren, maar op dat moment voelde het alsof het moment nooit zou komen. Maar het moment kwam, en sneller dan ik dacht.

Het begon te wennen.

De eerste paar dagen voelde ik me totaal tevreden. Alsof ik steeds opnieuw binnenstapte in een prachtige Airbnb in een hippe stad. Maar de derde dag begon ik te merken dat het begon te wennen. De eerste blijdschap was alweer weggesleten. Ja, ik was nog steeds blij. Maar niet meer zoals in het begin. Ik voelde me duidelijk minder blij, minder voldaan. Sterker nog – ik merkte dat er gedachten kwamen die een ontevreden ondertoon hadden. Gedachten als: *Allemaal leuk, maar het zou nóg leuker zijn als...* en op die drie puntjes kwam een eindeloze lijst van dingen die leuk zouden zijn. Een andere lamp, een ander kastje, een aansluiting voor dit, een extra plintje op dat.

En voor ik het wist werd ik gegrepen door een innerlijke onrust. Want ineens zag ik een andere realiteit voor me. Een woonkamer die nóg mooier was. Met betere afwerking, mooiere kastjes, een toffe lamp, een betere audio-ervaring – de lijst was eindeloos. Dus met mijn splinternieuwe iPhone in mijn hand – waar ik een paar weken geleden nog dolblij mee was maar die ik inmiddels ook als vanzelfsprekend beschouwde – begon ik te DuckDuckGo-en (ja, ik was zelfs niet langer tevreden met Google). Lekker zoeken en struinen, en m'n brein vullen met alle mogelijkheden. Alle dingen die me zouden kunnen helpen om me weer terug op die plek te brengen. Terug op die plek waar ik me tevreden en voldaan voelde.

Dat duurde een uur ofzo. Maar het werd te ingewikkeld, want er waren te veel opties en ik kreeg keuzestress. En pijn in m'n ogen. En ik was er gewoon klaar mee, want ik voelde me onrustig. Ik legde m'n telefoon weg en ineens zag ik het: *Ik heb me weer laten meeslepen door een collectie scheten. Pfff – wanneer leer ik het nou eens!*

Jezelf laten meeslepen door ontevredenheid

Het is niet fijn om je ontevreden te voelen. Tegelijkertijd heeft ontevredenheid natuurlijk zijn functie. Want als je je altijd maar tevreden voelt over alles, dan kom je niet in beweging. Als je tevreden zit te zijn met een tong die zo droog is als een zeem, omdat je al drie dagen prima tevreden was zonder water te drinken, dan zal je leven niet lang meer duren. Aan de andere kant – als dat je tevreden maakt, wie ben ik om te oordelen?

We hebben ontevredenheid nodig om in beweging te komen. En dat is oké. Je ervaart honger, dat is een signaal dat het tijd is om wat te eten. Je ervaart een drang naar kalmte, dat is een signaal dat het tijd is om te mediteren. Ontevredenheid is geen vijand. Maar het is wel een makkelijke valkuil. Want zoals oude wijze mensen, die in hun leven meerdere keren overboord zijn gegaan, altijd zeggen: 'Alles met mate.' Ontevredenheid is als zout, geraffineerde suiker en de jaarlijkse zwartepietendiscussie – je hebt er al snel te veel van.

En dus is het de kunst om de onwenselijke kanten van ontevredenheid te minimaliseren. Want je wilt je niet onnodig vaak ontevreden voelen als het even kan. Sterker nog – je wilt zo vaak als je kunt tevredenheid ervaren. Want tevredenheid voelt fantastisch. Alsof er een warme nazomerzon straalt van binnenuit. Zacht, vriendelijk en gezellig – waardoor je rondloopt met zo'n wezenloze glimlach die anderen zich doet afvragen wat je gerookt hebt. Dat is oké, want de meeste mensen zijn niet bekend met dit gevoel. Met het idee dat je gewoon tevreden kunt zijn zonder een specifieke reden. Dat een flauwe glimlach gewoon je standaard-gezichtsuitdrukking kan zijn, omdat je je gewoon standaard een beetje blij en dankbaar voelt, ook zonder directe aanleiding.

Zoals we al hebben gezien is ontevredenheid niets anders dan een verzameling gedachten. Gedachten die voortkomen uit de labels die je hebt gehangen aan de gebeurtenissen in je leven. En het is een kenmerk van hoe ons brein werkt – we kunnen niet lang tevreden zijn met iets, tenzij we er actief aan werken. Gelukkig is dat 'actieve werken aan tevredenheid' veel minder intensief dan het klinkt; laten we eens kijken.

Hoe je je vaker tevreden kunt voelen

Je voelt je vaker tevreden als je je lat lager legt. Simpel. Je voelt je ook vaker tevreden als je minder verwacht. Logisch. En tot slot – tevredenheid wordt je standaardervaring als het je lukt om de gebeurtenissen in je leven steeds meer te accepteren zoals ze komen. Soms lastig, maar niet altijd.

Kijk, ontevredenheid ontstaat wanneer je ontevreden gedachten ervaart en je daardoor laat meevoeren. We ervaren allemaal ontevreden gedachten. Ik weet nog hoe ik jaren geleden op een tropisch strand zat in Thailand. Een smoothie aan mijn ene zijde, de liefde van m'n leven aan m'n andere zijde. Teentjes in de zee, parasol boven m'n bol. Geen plannen voor de dag, behalve een beetje eten en tuffen met de scooter. En ik zat met mijn notitieboekje op schoot. Wat ik zat te doen? Ik zat druk te schrijven en te plannen – over hoe ik mijn leven beter kon maken.

Dat vond ik toen heel logisch, nu vind ik het heel gek. Maar het is een goed voorbeeld van hoe ik me liet meevoeren met die negatieve gedachten. Hoe ik die scheten veel te serieus nam en me helemaal liet meezuigen in de ellende. Want *nu* is alles wat er is. En als het moment waarin je je bevindt wordt gekenmerkt door dit soort tropische taferelen, dan is het echt logischer om gewoon tevreden te zijn met wat er is. En meer niet.

Maar nee, ik zag een gedachte die me in actie bracht. Een gedachte als: *Hoe kan ik ervoor zorgen dat ik dit gevoel vaker kan beleven?* Dus ik begon met plannen, omdat ik ontevreden was. Ik was al bezig met het feit dat dit heerlijke moment niet voor altijd zou duren, dus in plaats van elke seconde in me op te nemen zo goed als ik kon, besteedde ik het moment aan plannen om te voorkomen dat het ooit zou eindigen. Waardoor het moment uiteraard direct zijn magie verloor.

Gek hoe dat werkt. Maar ook fijn. Want zodra je beseft dat we allemaal dit soort gedachten langs zien waaien weet je ook dat er niets bijzonders is aan die gedachten. Ontevredenheid is gewoon een wolk die je kunt observeren. *Hé, ik voel me ontevreden, interessant.*

Dat is alles.

En weet je wat zo leuk is aan tevredenheid? Tevredenheid hoef je niet te produceren. *Tevredenheid is wat overblijft als je stopt met het geloven van alle ontevreden gedachten*. Eigenlijk best elegant hoe dat werkt.

Je merkt het bijvoorbeeld als je mediteert. In het begin voelt je hoofd druk en ontevreden. Maar als je dan even blijft zitten begint het daarbinnen op te klaren.

Je kunt je waarneming zien als een heldere vijver. Doordat je je laat meeslepen met gedachten wordt de bodem omgewoeld en wordt het water troebel. Zolang het water troebel is voel je je onrustig en ontevreden. Dus je wilt het water helder maken, maar dat gaat niet zomaar. Want steeds als je beweegt wordt de bodem omgewoeld en maak je het water weer troebel.

Dus? Dus heb je maar één keuze: stilzitten en wachten. Je komt tot stilstand, waardoor de bodem niet langer omgewoeld wordt. Je voegt geen extra troebelheid meer toe. En als je even geduld hebt en rustig blijft zitten, dan zul je zien dat de deeltjes terug naar de bodem dwarrelen. Blijf lang genoeg zitten en je ziet een heldere vijver. Dan ervaar je een kalm en rustig bewustzijn dat niets hoeft, niets verlangt, niets wegduwt. Een bewustzijn dat gewoon simpelweg 'is', met een zacht gevoel van dankbaarheid en tevredenheid. Het nazomerzonnetje van binnenuit.

Dit gevoel van dankbaarheid en tevredenheid is je basis, de rest is vertroebeling.

Eén ding dat je kunt doen is zien hoe je verwachtingen je leven ingewikkeld maken. Ontevredenheid is de spanning die ontstaat tussen wat je verwacht en *dat wat is*. Als je verwacht dat het leven altijd naar je zin moet zijn, dan zul je merken dat je veel ontevredenheid ervaart als het leven even niet loopt zoals je verwacht. Als je weinig verwacht, en het leven gewoon leert nemen zoals het komt, ontstaat die spanning niet. Dan valt er dus ook geen ontevredenheid te ervaren.

Vaak hebben we bijvoorbeeld enorme verwachtingen van onszelf. Ik weet dat ik ze tegenkom. Zoals vandaag. Mijn schrijfprogramma berekent dagdoelen voor me. Superhandig, want als ik 's ochtends begin met schrijven dan weet ik meteen wat me vandaag te doen staat. Maar aan de andere kant: ik verwacht ook van mezelf dat ik dit dagdoel haal. Als ik het dagdoel niet haal, om wat voor reden dan ook, voel ik me ontevreden over mezelf. Dat is afgelopen week al meerdere keren gebeurd. En het is geen fijn gevoel. Gelukkig lukt het me daarna om te zien hoe al dat drama überhaupt is ontstaan, en zie ik hoe het mijn verwachtingen zijn die de ellende veroorzaken – niet de situatie zelf.

Het punt is: natuurlijk wil ik dat dit boek een keer geschreven wordt. Dus moet ik ergens een keer de woorden schrijven. Want anders komen we nergens. Maar tegelijkertijd kan ik niet altijd van tevoren inschatten hoe mijn dag zich zal ontvouwen. Ja – ik kan een doel voor mezelf stellen. Ik kan mijn best doen om dat doel te halen. Maar als het me niet lukt om het doel te halen, dan hoeft dat geen probleem te zijn. Een plan is slechts een eerste opzet, het leven bepaalt de invulling ervan. Het is niet mijn taak om me star vast te houden aan mijn plan. Het leven kent eb en vloed, en als ik star op mijn plek blijf staan zal ik verdrinken. Nee – het is veel slimmer om te surfen op die golven. Dat surfen is een vaardigheid die je moet leren, en dat is wat we hier samen aan het doen zijn: leren surfen op de golven van het leven.

Het leven doet dingen. En je kunt leren om moeiteloos met die dingen mee te bewegen. Als dat je lukt, dan voelt het leven leuk en grappig en verrassend eenvoudig. Als dat niet lukt – omdat je gewoon probeert te blijven staan of omdat je van je surfplank lazert – dan is het proesten geblazen. Niets mis mee – dat is een interessante ervaring op zichzelf. Vermoeiend is het wel. Want als je wilt kun je zoveel drama ervaren als je aankunt. Maar uiteindelijk zijn het toch de momenten waarop we met onze surfplank een golf pakken, die ons de meeste voldoening opleveren. De momenten dat het lukt om op je plank te blijven staan, dat zijn de momenten dat je je vervuld voelt van blijdschap en dankbaarheid. Niet de momenten dat je over de bodem rolt en met zwiepende armen probeert boven water te komen, terwijl je even niet meer weet welke kant nu precies boven was.

Dus? Dus je wilt plannen maken maar je niet te strak aan je plannen vasthouden. Je rug recht houden terwijl je ook leert meebuigen. Een beetje zoals een gebouw dat is gebouwd om aardbevingen te weerstaan. Sterk en tegelijkertijd veerkrachtig.

Leren surfen

Minder verwachten lijkt moeilijk. En dat is het ook voor veel mensen. Maar er is een groep mensen die er minder moeite mee hebben, en dat zijn de mensen die regelmatig mediteren. Mensen zoals jij en ik, die hebben geleerd hun gedachten minder serieus te nemen.

Zoals besproken in deel 1: meditatie helpt je afstand te scheppen tussen je gedachten en *wat jij bent*. En hoe beter je je gedachten leert observeren, des te beter je ziet hoe je jezelf gek maakt met je verwachtingen. Hoe je je laat meeslepen door gedachten die je in een eindeloos hol van drama slepen. Terwijl je net zo goed – in precies dezelfde situatie – gewoon kunt 'zijn'. Zonder verwachtingen, zonder drama. Want je weet hoe dat gaat: het ene moment vind je je woonkamer fantastisch. Maar dan kom je voor het eerst thuis bij een nieuwe vriend, en zie je ineens hoe geweldig zijn huis is. Die avond kom je thuis en kijk je om je heen en denk je: *Ik moet iets gaan veranderen hier.* Ineens is je mooie huis niet langer goed genoeg. Vanochtend was je dolgelukkig, nu ben je onwijs ontevreden.

Je huis is niet veranderd. Maar de gedachten over je huis wel. En als je leert om op dat moment te zeggen: *Interessant, ontevredenheid, ik laat het even lekker voorbij waaien*, bespaar je een heleboel tijd, een heleboel geld en een heleboel aannemers met nietenschieters in je huis. Want geloof me – dat soort ontevredenheid leidt tot bouwstof. In je keuken, in je badkamer en zelfs op je beddengoed. Niet fijn.

Door regelmatig te mediteren zie je duidelijk dat die ontevredenheid vooral bestaat uit lariekoek. Het voelt heel belangrijk allemaal, totdat je beseft dat ook ontevreden gedachten gewoon scheten zijn. Dat je ze kunt laten passeren zonder er waarde aan te hechten, en gewoon terug in het moment kunt komen met je aandacht.

Keer op keer op keer.

En weet je wat het is – verwachtingen zijn uiteindelijk altijd problematisch, omdat we veel minder controle hebben over ons leven dan we vaak denken. Laten we eens kijken hoe dat zit, en hoe we dat inzicht kunnen gebruiken om ons leven nog iets leuker te maken.

DUS?

- Dus hoe meer ontevredenheid je ervaart, des te meer drama er in je leven ontstaat.
- Ontevredenheid is opgebouwd uit gedachten.
- Wanneer je deze ontevreden gedachten niet langer serieus neemt, blijf je over met een gevoel van tevredenheid. Best fijn.

In je eigen windmachine

Ontdek meer tips om je vaker tevreden te voelen – inclusief een praktische oefening – door in te loggen op je eigen windmachine.

sochicken.nl/windmachine

10
DE CONTROLE DURVEN LOSLATEN

Reizen is de controle loslaten. Zeker als de reis naar India gaat. Dat leerde ik op mijn eerste rondreis door India. Maar bij de tweede reis begon het avontuur al in Nederland. Want ter voorbereiding van onze reis begin 2018 zat ik in het Groothandelsgebouw in Rotterdam bij het Indiase visumbureau. De vriendelijke jongen achter de balie herkende ik nog van twee jaar daarvoor. Toegegeven, hij was makkelijk te herkennen vanwege zijn tulband. Zo vaak zie je niet iemand met een tulband in Nederland. En zelfs in India zag ik het verrassend weinig. Dus ik herkende de visumjongen meteen. Maar niet alleen vanwege zijn tulband. Ik had hem onthouden omdat hij ook opmerkelijk kalm was. Geen haast – hij deed gewoon rustig zijn werk. En dat was op zichzelf mooi om te zien. Het is een fijne eigenschap in een mens, wellicht een iets minder fijne eigenschap voor een mens dat werkt in een visumkantoor. Want zoals je al verwacht: de rij bewoog bijzonder traag.

En niet alleen werkte die jongen niet op Rotterdams tempo, vóór mij in de rij zat een ouder echtpaar dat zijn huiswerk niet goed had gedaan. Want als je een visum wilt hebben voor India, word je gevraagd om allerlei papieren te verzamelen en formulieren in te vullen. Die neem je vervolgens mee naar die aardige jongen, zodat hij in alle kalmte stickers kan plakken, nietjes kan schieten en stempels kan zetten. Maar het echtpaar had dit niet gedaan, en raakte vervolgens verwikkeld in een discussie over kastjes, muren en andere administratiefheden. Welke stuk voor stuk mijn interesse niet hadden, ware het niet dat ik de bui al zag hangen: *Dit gaat de hele middag duren, wat een ellende.*

Diepe zucht. Beetje kreunen om te laten merken dat ik het lang vind duren, je kent het wel. Die gedachte – dat ik een aanzienlijk deel van deze dag van mijn eindige leven zou doorbrengen in dat kantoortje –

maakte me onrustig. En een beetje gefrustreerd. Want ik was wél goed voorbereid, ik had mijn huiswerk gedaan. Ik heb een uur besteed aan het doorlezen en verzamelen van de juiste documenten en zelfs alles netjes in een mapje gestopt zodat het proces zo snel en soepel mogelijk verloopt omdat niets me zo weinig interesseert als administratie. Dus waarom moet ik zo lang wachten op mensen die niet goed lezen? *Waarom moet ik – de best voorbereide persoon die dit kantoor in maanden heeft aangetroffen – lijden onder het gedoe van het minst voorbereide echtpaar dat ooit naar India wilde afreizen?*

Nou goed – je weet hoe dat gaat met dit soort gedachten. Ze worden er niet beter op als je je erdoor laat meeslepen.

Ik heb er geen controle over

Hartstikke leuk dat ik daar gefrustreerd zit te zijn. Het verhoogt m'n hartslag, het geeft me iets meer stress, iets minder energie, iets meer rimpels en andere ellende – en het voegt ondertussen niets toe. Met een beetje redeneren kwam ik tot de conclusie dat dit allemaal helemaal nergens op sloeg. Dus ik besloot ermee te stoppen. Adem in, adem uit. Laten we mindfulness maar weer eens proberen, kijken waar dat toe leidt.

Ik verplaatste mijn aandacht naar mijn billen, en voelde hoe m'n achterste contact maakte met de stoel. Ik voelde m'n voeten, hoe ze ongeduldig voor me uit wiebelden. Ik merkte mijn ademhaling op die zachtjes langs m'n neusvleugels bewoog. En toen ik merkte dat ik een beetje in het moment begon te zakken, besloot ik het schouwspel te observeren zonder oordeel. Het leek in slow motion te gaan, met zoveel kalmte en geduld. Niet efficiënt, eerder het tegenovergestelde. Maar het was eigenlijk best rustgevend om de mensen voor me zo bezig te zien. En toen realiseerde ik me: *Ik heb er helemaal geen controle over, dus ik hoef me ook niet gefrustreerd te voelen.*

Ik wilde graag die ochtend mijn visumaanvraag indienen, en ik wilde het graag in Rotterdam doen. Dat waren mijn keuzes. En het moet tóch gebeuren, en ik zit hier nu al. Ik kan de wachtrij (binnen mijn grenzen van redelijkheid) niet beïnvloeden, en ik kan niet controleren hoe goed mensen zich voorbereiden. Ik kan ook niet bepalen hoe snel die aardige jongen werkt. Dus er leek maar één logische reactie over: mezelf amuseren en de situatie omarmen. De frustratie observeren en ervan genieten, en gewoon zitten en wachten. Zo moeilijk hoeft dat niet te zijn.

Zodra je de controle loslaat wordt alles simpeler

Het leven pakt natuurlijk niet altijd alleen maar geweldig uit als je de controle loslaat. Maar in werkelijkheid laten we nooit de controle los. We nemen eerder afstand van de verleidelijke *illusie* dat we controle hebben. Dat is ook wat ik deed in het visumbureau. Ik liet mijn drang naar controle los, want controle had ik toch niet. Ik ontspande. Ik deed een mindfulnessoefening, ik kalmeerde mijn ademhaling en ik genoot van mijn aanwezigheid in de ruimte. En plotseling bleek dat het oudere echtpaar voor me zó slecht voorbereid was dat ze werden weggestuurd. En toen was ik ineens aan de beurt – floep!

Het is zo verleidelijk om te denken dat je de wereld om je heen kunt controleren. En het is zo makkelijk om frustratie, boosheid, ongeduld en irritatie te ervaren als je merkt dat het leven zich anders ontvouwt dan je voor ogen had. En het is tegelijkertijd zo onlogisch. Verspilde energie, onnodige stresshormonen. Als je er geen controle over hebt – stop dan met verlangen dat het anders was en omarm de realiteit.

Het omarmen van de realiteit betekent dat je je drang naar controle loslaat. Dat je het leven gewoon laat *zijn*. Dat je het accepteert zoals het komt en het durft te omarmen, ook al bevalt de uitkomst je niet. Want die gedachten – of je het wenselijk of niet wenselijk vindt – zijn gewoon gedachten. Opnieuw scheten in je hoofd. Het verandert de situatie niet, die trekt zich er niets van aan.

Je leven accepteren zoals het komt geeft je ontzettend veel rust. En als je rustig en kalm bent, is het veel eenvoudiger om blij en vrolijk te zijn. Wanneer je je kalm en blij voelt, merk je dat het leven ineens véél makkelijker loopt. Dan voelt het veel meer alsof je wind mee hebt, in plaats van dat je er constant tegenin fietst.

Een trage rij in een visumbureau is niet anders dan toezien hoe een vriendin 'verkeerde' keuzes maakt, hoe er regen valt terwijl je zon verlangt, hoe de treinen uitvallen terwijl je weg moet of hoe je dochter maar niet wil luisteren naar jouw adviezen. Het is wat het is. Je hebt er geen controle over. Dus stop met vechten tegen de realiteit en omarm *dat wat is*. Jouw wens dat dingen anders zijn maakt niet dat dingen ineens anders zijn – het maakt jou vooral onrustig. Omarm *dat wat is*, dat maakt je leven een stuk eenvoudiger.

Maar hoe doe ik dat dan?

Klinkt allemaal natuurlijk heel logisch en wijs. Maar hoe doe je dat in de praktijk? Hoe word je beter in het laten vieren van de touwtjes? Hoe kun je de controle loslaten terwijl je eigenlijk juist de neiging hebt om alles te controleren?

In de eerste plaats is het belangrijk om duidelijk onderscheid te maken: *Waar heb ik écht controle over, en welke dingen liggen buiten mijn controle?* Wanneer je deze vraag voor jezelf begint te beantwoorden, kom je tot de bevrijdende en tegelijkertijd vrij verrassende conclusie dat je veel minder controle hebt dan je dacht.

Wat ligt er sowieso buiten je controle? Het gedrag van anderen bijvoorbeeld. We hebben vaak het idee dat we anderen kunnen controleren, of dat we het op zijn minst moeten proberen. Maar in werkelijkheid kunnen we anderen redelijkerwijs slechts inspireren om hun gedrag aan te passen. We kunnen ons best doen om anderen te veranderen, en we hebben heus wel invloed op andere mensen. Maar in de basis gedragen anderen zich niet volgens de plannen die jij voor ogen hebt. Ze gedragen zich zoals ze zich gedragen, ongeacht jouw ideeën daarover.

En als je goed kijkt zie je ook dat de gebeurtenissen in je leven grotendeels buiten jouw controle liggen. Denk er maar eens over na: als je er echt controle over had dan zou je er wel voor zorgen dat je alleen nog wenselijke dingen zouden overkomen. Dat alles volgens plan zou verlopen. Maar dat is niet zo. Er gebeuren constant onverwachte dingen. Niet alleen in de wereld maar ook in je leven. Zelfs als je alleen thuis bent en je voor je gevoel niets met de wereld te maken hebt. Het leven ontvouwt zich zelden volgens plan. En je kunt opnieuw je invloed uitoefenen, maar je kunt niet verwachten dat je daadwerkelijk directe controle hebt over hoe het leven loopt.

En dat brengt me bij het belangrijkste en misschien meest onthutsende inzicht in dit rijtje: de controle over jezelf. Want natuurlijk weten we wel dat we andere mensen niet kunnen controleren, en dat het leven vol verrassingen zit. Maar we koesteren meestal wel de overtuiging dat we op zijn minst volledige controle hebben over hoe wij ons gedragen. Maar is dat wel zo?

Mijn ervaring is dat mijn leven zich lastig laat controleren. Als ik volledige controle had over mijn eigen leven, dan had ik echt geen vetrol op m'n buik. Dan zou ik geen gebak meer eten, nooit meer uitstelgedrag vertonen en elke dag lekker slapen met inspirerende dromen. Dan zou ik nooit meer onaardig overkomen, nooit gestrest raken of mijn zelfbeheersing verliezen. Ik zou braaf studeren om nieuwe vaardigheden te leren en ik zou inmiddels Mandarijn en Spaans spreken. Ik zou goed plannen en al mijn plannen tot uitvoering brengen.

De werkelijkheid is natuurlijk een stuk weerbarstiger. In werkelijkheid ervaar ik regelmatig luiheid en laat ik me leiden door lichamelijke behoeften die niet gepland zijn maar wel ineens heel belangrijk voelen.

Ik maak constant plannen die niet uitgevoerd worden. Ik doe en zeg dingen waar ik later spijt van krijg. En je zult me niet zomaar aantreffen met zware gewichten in m'n handen, ondanks mijn voornemen om vaker krachttraining te doen.

Nee, als ik goed kijk heb ik verrassend weinig controle over mijn eigen leven. Dat komt natuurlijk doordat mijn leven nauw verweven is met de wereld waarin ik leef. En aangezien ik daar geen controle over heb, heb ik ook weinig controle over mijn eigen leven. Maar wat als we verder naar binnen gaan? Want we hebben toch zeker wel controle over onze innerlijke wereld?

Zoals zo vaak in het leven – *het is maar hoe je het bekijkt.*

Heb je controle over je binnenwereld?

We hebben in deel 1 al vastgesteld dat je gedachten zorgen voor vrijwel alle ellende in je leven. Negatieve gedachten maken je leven minder fijn. Oordelen, verwachtingen en diverse overtuigingen maken je leven onnodig ingewikkeld. En vrijwel alle drama in je leven bestaat alleen in je hoofd. Dus waarom stoppen we daar dan niet gewoon mee? Waarom stop je niet gewoon met het denken van negatieve gedachten? Waarom sta je toe dat gedachten als *ik ben niet goed genoeg* je bewustzijn binnendringen?

Ik weet wel waarom. Omdat je geen controle hebt over je gedachten. Zoals we zagen in deel 1: gedachten komen en gaan als wolken aan de lucht. Er is niemand die de wolken 'wolkt'. Wolken ontstaan, drijven voorbij en verdwijnen weer. Je kunt niet kiezen wat je denkt. Denken gebeurt zoals ademhalen gebeurt. Grotendeels vanzelf, met wat voelt als ruimte voor interventie van jouw kant.

Je kunt bewust ademhalen en met je ogen knipperen. Maar zodra je er niet meer aan denkt dan gebeurt het toch, volledig automatisch. Je hart klopt, je darmen doen darmdingen – het gebeurt zonder jouw input. En kun je kiezen wat je voorkeuren zijn? Nee. Je kunt ervoor kiezen om bijvoorbeeld muziek te luisteren. Maar wélke muziek je leuk vindt, dat is niet echt een keuze. Anders zou je er gewoon voor kiezen om alle muziek leuk te vinden. Hetzelfde geldt voor je smaak in eten, je kleding en je partnerkeuze. Je voorkeuren kies je niet, die zijn er. Je kunt ze vormen en ontwikkelen, maar bepaalde zaken zul je nooit leren waarderen omdat ze niet aansluiten bij je voorkeuren. En die voorkeuren bepalen een groot deel van je gedrag.

Angst is een onbewuste respons. Als je daar directe controle over had, dan zou je de angst gewoon uitschakelen wanneer die niet praktisch is. Tijdens een sollicitatiegesprek, een presentatie of een eerste date bijvoorbeeld. En neem dingen als autorijden of het bespelen van een muziekinstrument. Dat vindt plaats binnen je bewustzijn, totdat je eraan gewend raakt. Dan kun je ineens kilometers rijden en thuis inparkeren, terwijl je je realiseert dat je geen moment hebt nagedacht over het rijden zelf. Het gebeurt gewoon.

En denk eens terug aan wat we besproken hebben in deel 1, over hoe je waarneming slechts is opgebouwd uit de sensaties die je brein ontvangt. Het omzetten van al deze sensaties in een coherent beeld van de wereld vol kleuren, geluiden, texturen en slagroomsoezen – dat gebeurt volledig automatisch. Probeer deze tekst maar eens te zien zoals je zou kijken naar een Japanse, Arabische of Birmese tekst. Alsof je kijkt naar mooie vormen waar je niets van begrijpt. Dat lukt niet. Je brein ziet betekenis in deze vrij willekeurige vormen die we letters noemen. En het activeert een inwendige verteller die de tekst opleest. Allemaal zonder dat je er iets voor doet.

Kijk eens naar je hand. Houd je hand voor je gezicht, en draai je hand rustig. Blijf draaien en check of je een gedachte kunt bespeuren. Je hand draait, maar zijn er gedachten over het draaien van de hand? Is er een bewuste beslissing die bepaalt dat de hand gedraaid gaat worden?

Het antwoord is, zoals je al verwacht, nee. Je hand draait gewoon, vrij spontaan.

Je hebt verrassend weinig directe controle. Het is een beetje zoals die attractie met oldtimers in de Efteling. Je hebt het gevoel dat je mag sturen. En dat gevoel van interactiviteit maakt het een onwijs leuke attractie voor kinderen. Maar als je besluit om niet te sturen, om het stuurwiel gewoon los te laten, dan is de ervaring vrijwel hetzelfde. Dan blijkt dat je rustig de controle los kunt laten en nog steeds een leuke ervaring kunt hebben. Een ervaring met minder drama weliswaar. Want alle spanning lijkt te verdwijnen als je je niet meer druk maakt om je stuurgedrag. Maar ik beschouw dat als wenselijk. Zeker als het gaat om mijn leven. Want hoe meer ik mijn illusie van controle leer loslaten, des te kalmer mijn leven lijkt te worden.

Je hebt geen volledige controle over gebeurtenissen in je leven. Je hebt weinig controle over de mensen in je leven. Je hebt beperkte controle over je eigen gedrag. En zelfs je innerlijke wereld doet grotendeels wat hij wil doen zonder jou te raadplegen.

En zo raar is dat niet eens als je er goed over nadenkt.

Achter de schermen in het zonnestelsel

Begin 2018 reisde ik (mede dankzij mijn zeer zorgvuldig gestempelde visum) dus naar India, waar ik onder andere overnachtte in de woestijn even buiten Jaisalmer, een verzengend hete vestingstad tegen de grens met Pakistan.

Aan de ene kant was dit woestijnuitstapje natuurlijk gewoon een ordinaire toeristenattractie. Maar aan de andere kant: in India zijn zelfs zeer uitgekauwde uitstapjes erg avontuurlijk. Zo vond ik het rijden op een kameel verrassend spannend. Mede vanwege de begeleider, die vanaf een andere kameel steeds bezorgd naar mijn zadel keek. Het zadel zat scheef en ik had het gevoel dat ik er ieder moment af kon vallen, maar bij navraag bleek alles oké. Hij bleef alleen wel bezorgd naar me kijken, wat me toch het onbehaaglijke gevoel gaf dat we allebei een andere definitie van 'oké' hanteerden.

Maar het zadel bleef zitten, dus de man bleek gelijk te hebben. En eenmaal aangekomen op onze adembenemende verblijfplaats in de zandduinen wilde Billy zijn kameel bedanken, waarna hij bijna zijn vingers kwijt was. De grond was bezaaid met duizenden enorme mestkevers zover ik kon kijken (geen idee waarom), maar gelukkig waren er stretchers geregeld voor ons. En toen ik 's avonds een stukje verderop wilde plassen stond ik bijna op een schorpioen met mijn teenslippers.

Uitgekauwd of niet, ik voelde me net Indiana Jones. En hoe romantisch en leuk het allemaal klinkt om onder de sterrenhemel te slapen omringd met dikke kevers, schorpioenen, blaffende zwerfhonden en smakkende kamelen: van slapen was natuurlijk nauwelijks sprake. Dus daar lag ik onder de sterrenhemel, met mijn ogen wijd open. Af en toe doezelde ik weg, om weer wakker te schrikken van een of ander beest. Ik had in mijn leven (vreemd genoeg) nooit een nacht onder de sterren geslapen en ik vond het bijzonder indrukwekkend.

De verwondering begon pas echt toen de maan zachtjes van achter de zandduinen tevoorschijn kwam. Langzaam werd ze steeds groter aan de hemel. Ik doezelde een uurtje weg, en toen ik mijn ogen weer opende stond de maan ineens op een heel andere plek. Gedurende mijn onrustige nacht bewoog ze geduldig en geruisloos door de lucht. Waarna de hemel heel voorzichtig van kleur veranderde, en de horizon werd gesierd door de gouden gloed van de opkomende zon. Het was een onrustige nacht geweest. Ik moest natuurlijk al uren plassen maar durfde niet meer vanwege die schorpioen. Ik had nauwelijks geslapen, maar bleef achter met een gevoel van verwondering. Ik had voor het eerst in mijn leven met aandacht kunnen aanschouwen hoe het zonnestelsel 'werkt'. En ik realiseerde me hoezeer het draait als een geoliede machine. En dat terwijl er niemand aan het oliën is.

Er is niemand verantwoordelijk voor de beweging van de maan. Er zijn geen machines die de aarde in een baan rond de zon houden. Niemand die zich bezighoudt met het 'opstoken van de zon'. Al die dingen gebeuren gewoon spontaan om ons heen, en dat vinden we heel normaal. Maar er is natuurlijk niets normaals aan, als je er goed over nadenkt.

En ja, alles heeft zijn redenen. De maan doet zijn ding vanwege zwaartekracht. En het zonnestelsel is er vanwege allerlei trammelant een paar miljard jaar terug. Toen was er een grote explosie die alles op z'n plaats zwiepte. En al die bevindingen verklaren een hoop, en tegelijkertijd verklaren ze helemaal niets. De maan komt op en gaat onder – helemaal automatisch. De melkweg roteert en zit vol met sterren en planeten die stralen en roteren – helemaal automatisch.

Dingen gebeuren in het universum. Dat is hoe het is. We observeren redenen waarom dingen zijn zoals ze zijn – natuurwetten. Die wetten bepalen alles wat we waarnemen. Slechts een kleine variatie in een van deze wetten zou ons hele universum in rep en roer brengen, en zou ons bestaan in deze vorm onmogelijk maken. Waarom die wetten zijn zoals ze zijn (en niet anders), dat is verrassend onduidelijk.

En het wordt interessant als je het terughaalt bij jezelf. Want zijn wij de uitzondering op de regel in een universum dat spontaan doet wat het doet? Of is ons bewustzijn een integraal onderdeel van het universum, en is ons bestaan net zo goed onderdeel van die spontaanheid? Zoals ik die nacht voor het eerst echt besefte dat het zonnestelsel gewoon uit zichzelf beweegt, zo besef ik steeds sterker dat mijn leven zich uit zichzelf ontvouwt. En dat mijn rol in het leven niet is om het stuur nog steviger beet te pakken. Maar dat ik kan ontspannen, en me meer kan laten meevoeren met dat wat is.

Klinkt zweverig en ingewikkeld, maar is heel praktisch. Let maar op.

Het is een kwestie van oefenen

Als je net als ik inziet dat je veel minder controle hebt dan je misschien dacht, dan is het dus niet de daadwerkelijke controle die we loslaten. In werkelijkheid werken we gewoon om de illusie van controle te verminderen. En dat klinkt ineens een stuk minder ingewikkeld.

Door regelmatig te mediteren begin je steeds duidelijker te zien hoe gedachten gewoon komen en gaan, en hoe je daar verrassend weinig over te zeggen hebt.

Vervolgens kun je in het dagelijks leven experimenteren met loslaten, alsof je het stuur loslaat in die Eftelingattractie. Laat het leven gewoon voortbewegen en kijk wat er gebeurt als je de controle loslaat. Dat betekent overigens niet dat je niets meer doet. Het betekent vooral dat je doet wat moet gebeuren, en het daarna loslaat. Als je nooit meer je handen wast dan word je waarschijnlijk ziek, dat verandert niet. Maar constant nadenken over handenwassen en ziek worden en in je hoofd allerlei projecties maken over hoe de toekomst zich zal ontvouwen – daar schiet je niets mee op. Je doet gewoon wat voelt alsof het moet gebeuren, en meer niet.

Zo was ik bijvoorbeeld van plan om een heel ander boek te schrijven. Maar gaandeweg bleek dat ik er minder over te zeggen had dan ik dacht. Mijn vingers schreven het boek, dat is waar. Maar wat er uiteindelijk is ontstaan ontstond gewoon. Ik heb op een bepaald niveau toegekeken hoe dit boek tot stand kwam omdat ik gewoon schreef wat voor mijn gevoel geschreven moest worden en deed wat gedaan moest worden. Dat is overigens hoe het vaak gaat met creatief werk; misschien herken je dat bij jezelf. Dingen ontstaan dan niet *vanuit* jou, maar *door jou heen*.

Je zou kunnen stellen dat je wilt leren om meer op je intuïtie te vertrouwen. Je intuïtie wordt grotendeels gevormd door al die onbewuste processen in je brein, je lichaam en je omgeving. En omdat je intuïtie werkt met veel meer data dan dat stemmetje in je hoofd, neemt ze vaak prima beslissingen. Als je merkt dat je je aangetrokken voelt tot een bepaalde activiteit, voer die dan uit. En als je je gedreven voelt om je te verdiepen in een bepaald onderwerp, ga dan vooral je gang. We zijn vaak bang dat we, wanneer we ons gevoel volgen, op een verkeerd pad belanden. Maar het is maar hoe je ertegen aankijkt.

Je intuïtie zegt misschien dat het tijd is om lui te zijn, maar je hoofd zegt dat je moet werken. Je redeneert dat je hoofd gelijk heeft, omdat werken goed is en luiheid wordt verketterd door de samenleving. Maar in die onderbouwing zitten ontzettend veel aannames. Wanneer je deze aannames dagelijks voor waar houdt is de kans groot dat je lichaam inderdaad moe is en gewoon rust nodig heeft.

Zelf merk ik dat lange periodes van rust me uiteindelijk vooral heel creatief maken. Eerst is er de drang naar luiheid, maar ook luiheid gaat vervelen. Waarna er een drang ontstaat om iets te bouwen en iets bij te dragen. Dat zijn de momenten dat ik mijn notitieboekje volschrijf en dingen ontwikkel die de koers van mijn leven in een verrassende richting doen stromen die me dolgelukkig maakt. Een intuïtieve drang naar luiheid leidt dan uiteindelijk bijvoorbeeld tot een situatie waarin ik de inspiratie opdoe om boeken zoals deze te schrijven.

Je intuïtie raakt vertroebeld door de drang om constant te geloven in de illusie van controle. Daar is niets mis mee. Maar als het je doel is om te leven met wind mee – met minder drama in je leven en meer rust in je hoofd – dan kan het lonen om meer gewicht te geven aan je intuïtie en je gedachten minder serieus te nemen. Het is een kwestie van leren vertrouwen op het leven. Leren leunen in de onzekerheid, en beseffen dat je enkel de illusie loslaat. Meer niet.

Er verandert niets. Het leven is nog steeds hetzelfde, dingen gebeuren nog altijd automatisch. Alleen jij bent niet meer zo verkrampt. Je probeert niet meer tegen de stroom in te zwemmen maar je laat jezelf meevoeren. Iets minder drang naar controle, iets meer ruimte voor verwondering. Want je leven is niet vanzelfsprekend – jij bent niet vanzelfsprekend. In het volgende hoofdstuk wil ik daar nog even wat dieper op ingaan.

DUS?

- Dus als je goed kijkt zie je dat je verrassend weinig controle hebt over je leven.
- De 'controle loslaten' draait eigenlijk om het loslaten van de *illusie* van controle. Controle had je toch al niet.
- Door meer te vertrouwen op het leven en je intuïtie leer je langzaam maar zeker mee te stromen met het leven, waardoor je leven een stuk moeitelozer voelt.

In je eigen windmachine

Naast regelmatig mediteren zijn er nog veel meer dingen die je kunt doen om de controle los te laten. Zie je jezelf een beetje als een controlfreak, en kun je meer praktische handvatten gebruiken? Log in op je eigen windmachine voor tips.

sochicken.nl/windmachine

11
OMARM JEZELF ZOALS JE BENT

Dit is hoe we hier beland zijn: je werd geboren met je eigen unieke lichaam en je eigen unieke karakter. Je groeide op en leefde een leven dat alleen is geleefd door jou. En dat leven heeft je gevormd tot wie en wat je nu bent en niet bent. Je hebt je leven zo goed mogelijk geleefd. Misschien was je niet altijd blij met de resultaten, maar je deed wat je in ieder afzonderlijk moment zag als de beste of 'minst slechte' keuze.

Soms bleken de beste keuzes in dat moment niet het best uit te pakken in de toekomst – maar dat is oké. Want nu ben je hier. Al die momenten hebben je gemaakt tot een persoon met een unieke mix aan ervaringen, kennis, interesses, vaardigheden, dromen en eigenschappen. Sommige dingen zijn veranderd, sommige dingen zijn hetzelfde gebleven. Dat is zoals het is. Zoals we eerder hebben gezien: *dat wat is* kun je niet veranderen.

Ja, je kunt veranderen hoe je in de toekomst zult zijn. Want bepaalde eigenschappen kun je trainen en aanpassen. Je kunt groeien, sterker worden, jezelf ontdoen van angsten en andere ballast. En dat is geweldig. Groei brengt je mogelijk onwijs veel voldoening en plezier (hoewel persoonlijke groei zoals alles in het leven ook nadelen heeft, die we zullen bespreken in deel 3). Maar – en dat is dus het hele ingewikkelde hieraan – al je gedachten over hoe je morgen anders en beter zult zijn, dat zijn simpelweg scheten. Gewoon gedachten in je hoofd die niet per definitie waar zijn.

En als al die verhalen over jezelf gewoon gedachten zijn (wat het zijn). En al die verwachtingen over je toekomst niet meer dan hersenscheten zijn (wat de perfecte omschrijving is). Dan wordt het toch eens tijd om onszelf die belangrijke vraag te stellen: *Waarom accepteer ik mezelf niet gewoon precies zoals ik ben?*

Het is een goede vraag. Want waarom doe je dat niet? Waarom vind je het zo lastig om gewoon onvoorwaardelijk van jezelf te houden zoals je bent? Inclusief je wenselijke en minder wenselijke eigenschappen. Waarom vind je dat je anders moet zijn dan je daadwerkelijk bent? Waarom vind je het makkelijk om te houden van je talenten, en verafschuw je de kanten van jezelf die minder sociaal wenselijk zijn? Jezelf volledig en onvoorwaardelijk accepteren zoals je bent is ontzettend logisch om te doen. Toch is het niet heel gebruikelijk in onze samenleving.

Maar misschien kunnen we daar iets aan veranderen. Laten we eens kijken.

Jezelf leren accepteren zoals je bent

In *Steeds leuker* gebruik ik het vullen van een emmer als metafoor voor zelfliefde. Door jezelf te accepteren vul je deze emmer met liefde. En als je dit lang genoeg doet, begint de emmer over te lopen en kun je delen vanuit overvloed. Dan kun je liefde geven aan alles en iedereen omdat je rondloopt met een overlopende emmer.

En ja, ik schrijf ook over dorstige puppy's die het water drinken dat over de rand van de emmer klotst. En de moraal is simpel: als je niet van jezelf leert houden dan gaan alle puppy's dood. Dus je hebt geen keuze – zelfliefde blijkt niet optioneel.

Prima. Maar de meeste mensen lopen toch rond met een emmer die nagenoeg leeg is, of hooguit half gevuld. Dat zien we zelfs als iets 'goeds', want als een persoon te vol van zichzelf is dan beschouwen we dat als een probleem. Het is dat hardnekkige stukje calvinisme dat diep verweven is met onze cultuur: *Wie ben ik om liefde voor mezelf te voelen?* Want jij weet als geen ander dat je geen heilige bent. Dat je regelmatig negatieve gedachten ervaart. Dat je gedrag vertoont dat niet bepaald constructief is. Dat je anderen soms iets ergs toewenst. Dat je jaloezie, afgunst, stress, verdriet, angst en neerslachtigheid kunt ervaren. Jij weet dat je niet 'perfect' bent. En omdat we zijn opgegroeid in een samenleving waarin liefde en waardering vaak voorwaardelijk worden verstrekt, hebben we het idee dat we die liefde niet *verdienen*.

En daarom lopen we rond met het gevoel dat we niet goed genoeg zijn. Dat we beter moeten zijn. Dat we dingen moeten doen (en laten) om liefde te verdienen.

Precies – wat een ellende.

Ik denk dat het tijd is om daarmee te stoppen. Onder andere omdat je er niet erg blij van wordt. Omdat dit denk ik geen gedachte is die we willen doorgeven aan de volgende generatie. En vooral omdat het compleet en volstrekt onlogisch gedrag is.

O, en omdat er dorstige puppy's sterven. Niet fijn.

We hebben het gevoel dat we onszelf moeten wegcijferen om onze liefde te kunnen geven aan anderen. Maar dat is niet hoe het werkt. De vraag is niet of je jezelf nooit meer mag wegcijferen (het zal soms moeten om je kinderen een beetje redelijk de wereld in te sturen). Het is eerder een kwestie van je intentie. Je kunt niet delen wat je niet hebt. Hoe kun je van anderen houden als je niet van jezelf kunt houden? Goede vraag. Hoe kun je broodjes met pindakaas uitdelen als je geen broodjes hebt én geen pindakaas?

Het antwoord is natuurlijk duidelijk: dat kan niet.

Je kunt het proberen, en je bent natuurlijk niet de enige die dat doet. Het probleem hiermee is dat we de situatie dan vaak omkeren. In plaats van liefde te delen, doen we ons best om liefde te ontvangen. Om die te grijpen waar we kunnen zodat we die lege emmer een beetje kunnen vullen.

We doen van alles om goedkeuring en waardering te ontvangen. Zo maken we ons onwijs druk om wat anderen van ons denken. Want hoe meer mensen ons waarderen, des te voller onze emmer wordt. En als we het gevoel hebben dat we een bron van liefde hebben aangeboord, dan willen we die niet meer loslaten. Dan beginnen we te grijpen en te claimen. Want zonder ons te vormen, aan te passen, weg te cijferen en die liefde te claimen droogt de emmer op. En dat is niet goed. Dus we doen ons best om elke druppel te koesteren die we tegenkomen. Alsof we door een droge woestijn lopen, en liefde een schaarse grondstof is.

Maar dat is dus de hele grap: in werkelijkheid loop je niet door een droge woestijn. Je loopt simpelweg aan de verkeerde kant van een enorme stuwdam. Terwijl jij radeloos in de rondte loopt, op zoek naar elke druppel die je kunt vinden, bevindt er zich aan de andere kant van de muur een eindeloze voorraad vers water. Zoveel liefde als je ooit nodig zult hebben om je emmer te vullen, plus nog eindeloos veel meer. Voor je dierbaren, je directe omgeving, je samenleving en de hele wereld.

Liefde is geen schaarse grondstof zoals goud of aardgas. En het is waanzin om net te doen alsof liefde voorwaardelijk moet zijn. Zeker naar jezelf toe. Het is niet nodig en niet effectief als je je leven leuker wilt maken.

Echte liefde grijpt niet vast, ze claimt niet. Liefde is hetzelfde als vrijheid, als loslaten en overgave. Zelfliefde begint te stromen wanneer je zelfacceptatie beoefent. Wanneer je jezelf volledig accepteert zoals je bent. Geen verhalen, geen wensen, geen spijt of negatieve gedachten. Gewoon omarmen wat is.

Hoe ik mezelf leerde omarmen

Door rond te lopen met een chronisch gebrek aan zelfliefde maak je je leven kunstmatig moeilijk. Het is een prima middel om meer drama te ervaren en een waardeloze manier om blijdschap en dankbaarheid te ervaren. Niets mis mee natuurlijk, het is maar net welke kant je op wenst te bewegen.

Zelf ben ik al enkele jaren op reis naar zelfacceptatie en zelfliefde.

Ik vergelijk deze reis vaak met een wandeltocht door een moeras. Met iedere stap die ik zette werd ik opnieuw vastgezogen in zelftwijfel. Langzaam maar zeker leerde ik mezelf loswringen, mijn voet uit het moeras te trekken en die specifieke plek achter me te laten. Om vervolgens een meter verder weer vastgezogen te worden. Achter me het verwarrende woud van zelfbedrog, schaamte en zelftwijfel. Aan de horizon een prachtig groen bos vol fladderende vogels, vlinders en rijkgevulde frambozenstruiken. Het goede leven. Zonder onnodige stress, zonder schaamte. Een leven dat is gebaseerd op kalmte, liefde, acceptatie en vertrouwen.

Ik zal eens een goed voorbeeld pakken: ik heb vet op m'n buik. Altijd al gehad. Het is meer geweest – veel meer. Het is ook veel minder geweest; een paar maanden India doet wonderen. Maar echt 'afgetraind' ben ik nooit geweest. De meeste mensen om me heen beschouwen me als slank, maar ik zag het nooit zo. Ik zag vooral wat er weg moest. Ik schaamde me voor m'n vetrol. Want ik vond dat ik hem niet mocht hebben. Ik geef anderen advies over hoe ze gezonder kunnen leven. En hoewel ik behoorlijk gezond leef, heb ik geen strak lichaam.

Nu weet ik ook wel dat die twee dingen niet hetzelfde zijn. Als je gezond eet krijg je het lichaam dat bij je past. Ik ben volgens alle meetstandaarden gezond. Maar het lichaam dat bij me past is niet per definitie het lichaam dat ik ambieer. Ook al – en ik val op hetzelfde geslacht dus ik heb hier een unieke kijk op – zou ik een lichaam zoals het mijne best aantrekkelijk vinden bij een ander. Maar ik leg de lat hoger voor mezelf. En dat is onzin. Dus daar ben ik maar mee gestopt.

Want weet je – vet of geen vet: het is wat het is. Ik kan ertegen vechten maar ik kan het ook accepteren. Misschien ga ik ooit hard trainen, misschien niet. Maar nu is het zoals het is, en mag het zijn zoals het is.

Fijn is dat.

Ik las jaren geleden de boeken van Brené Brown – over de kracht van imperfectie, kwetsbaarheid en fouten durven maken. Als je het leest denk je: logisch. En dan gaat het leven verder, en lijkt er weinig te veranderen. Want zo'n boek lezen is niet hetzelfde als je complete kijk op jezelf veranderen. Dat kost tijd, aandacht, zelfliefde en moed. Dat zijn geen dingen die we doorgaans in overvloed hebben. Dus bleek de vooruitgang door het moeras gestaag. Stukje bij beetje gooide ik de verhalen die ik over mezelf vertelde overboord, en leerde ik de realiteit omarmen. Door te mediteren, te schrijven in mijn dagboek, te lezen, te leven en te reflecteren.

Gaandeweg leerde ik dit:

Ik ben imperfect. En tegelijkertijd helemaal goed zoals ik ben in dit moment. Want het verhaal dat ik heb gebouwd over mezelf – over mijn leven, mijn successen en tegenslagen – bestaat volledig uit gedachten. Gewoon scheten. En de verwachtingen en plannen die ik heb over de toekomst – de dingen die ik wil veranderen aan mezelf, aan mijn lichaam – zijn opnieuw opgebouwd uit gedachten.

Hier en nu – in dit moment, zonder de gedachten serieus te nemen – is alles precies zoals het is. En is er maar één ding dat ik kan doen: accepteren en overgeven aan *dat wat is*. Herinneringen zijn gedachten. Verwachtingen zijn gedachten. Alleen dit moment is echt. En als ik de gedachten niet geloof, is alles prima.

Terwijl ik worstel met het gevoel van 'niet goed genoeg zijn', realiseer ik me steeds meer dat mijn onzekerheden en schaamtes oké zijn. Niets om me voor te schamen. Ik hoef ze niet weg te drukken of te veranderen. Ik kan ze gewoon accepteren. Het zijn gewoon gedachten die voorbij waaien. Het is juist de acceptatie die ervoor zorgt dat ze wegsmelten. De simpele realisatie dat ik goed genoeg ben – precies zoals ik nu ben – verandert alles.

Zoals een boom in de herfst zachtjes haar bladeren één voor één loslaat – zo nam ik stap voor stap afscheid van mijn oude wensen, verhalen en dromen over mezelf. Ik hoef niet langer anders te zijn. Ik hoef niet te veranderen om goedkeuring te krijgen van wie dan ook. Ik hoef mijn waarde niet te bewijzen. Ik kan zien dat ik al waardevol ben. Ook als ik niet strak, perfect, succesvol en fantastisch ben. Ik ben zoals ik ben. In al mijn menselijkheid. In al mijn gewoonheid. In alles wat me bijzonder en *bijzonder normaal* maakt. Het is wat het is, en weerstand bieden heeft geen zin. Het enige wat ik kan doen is mezelf omarmen. Mezelf niet zien als een huis dat ik helemaal zelf kan ontwerpen. Maar als een boom die groeit naar volwassenheid.

Het zaadje waaruit de boom ontspruit heeft allang bepaald wat voor boom er komt. Ik ben niet degene die bepaalt of er appels of peren aan de takken komen. Daar heb ik helemaal geen controle over. Mezelf accepteren zoals ik ben helpt me te zijn wie en wat ik daadwerkelijk ben zonder al die onzin, en wat ik daarmee kan bijdragen.

Want als je ontdekt dat je groeit als perenboom, heeft het geen zin om je druk te maken over appeltaartrecepten. Hoe graag je ook zou willen dat er appels komen – er komen peren. Dat kun je ontkennen, je kunt je best doen om de peren als appels te laten smaken. Maar je kunt het ook omarmen, die appeltaart achter je laten en gewoon perentaart gaan bakken. Ook lekker.

Hoe je vooruitkomt met zelfacceptatie

Hoe kun je zelf beter worden in zelfacceptatie? Het antwoord weet je al, maar ik zal het nog eens benadrukken: door regelmatig te mediteren. Waarom werkt meditatie bij zelfacceptatie? Simpel: wanneer je mediteert observeer je de gedachten zonder erover te oordelen. Hierdoor kun je de gedachten over jezelf van een afstandje bekijken en loslaten.

Je ziet ineens gedachten waarvan je je nooit eerder bewust was. Gedachten als:

- *Dat kan ik niet.*
- *Ik ben niet goed genoeg.*
- *Ik ben een loser.*
- *Ik moet beter zijn.*
- *Ik ben dik en lelijk en niemand houdt van me.*
- *Ik ben pas waardevol als ik...*

En doordat je je stap voor stap bewuster wordt van dit soort gedachten, begint het steeds duidelijker te worden dat zelfacceptatie de enige logische reactie is. Je bent wie en wat je bent, en niet anders. Misschien ben je morgen anders. Maar morgen bestaat alleen in je gedachten. *Hier en nu* is morgen nergens te bekennen. Nu is alles zoals het is.

Je bent goed zoals je in dit moment bent. Zo is het altijd al geweest. Kijk naar wat je bent, niet naar wat je niet bent. En omarm het met liefde. Zelfacceptatie helpt je te worden wie je vanbinnen al bent. En het is de moeite waard. Want het leven is doodvermoeiend als je niet durft te zijn wie je bent.

Zoals je hebt gezien kun je het leven veel eenvoudiger, leuker en rustiger maken als je je gedachten niet zo serieus neemt. Door regelmatig te mediteren kun je moeiteloos deze beweging maken richting acceptatie, blijdschap en innerlijke kalmte.

Zoals beloofd geef ik je in het derde en laatste deel nog een hele berg tips mee om regelmatig mediteren moeiteloos en leuk te maken. Ook als je het druk hebt, ook als je kinderen hebt, ook als je liever Netflix kijkt. Zullen we er meteen in duiken?

DUS?

- Dus het wordt hoog tijd dat je die negatieve gedachten over jezelf niet langer gelooft, en jezelf leert accepteren zoals je bent.
- Het verhaal dat je over jezelf vertelt bestaat uit gedachten. Al die verwachtingen over jezelf bestaan ook uit gedachten. Allemaal scheten. *Hier en nu* ben jij precies zoals je bent. Acceptatie is de enige logische reactie.
- Zelfacceptatie voedt zelfliefde. Hierdoor voel je je vrijer, kalmer en liefdevoller richting de wereld om je heen. Het is mooi spul.

In je eigen windmachine

Wil je graag werken aan meer zelfacceptatie, zelfliefde, zelfcompassie en zelfvertrouwen? Goed plan. In je eigen windmachine vind je tips en stappenplannen om stapje voor stapje nog beter in je vel te komen.

sochicken.nl/windmachine

Deel 3

Leren leven met wind mee

Activeer de wind in je rug en tover een glimlach op je snoet. Ga aan de slag met praktische tips om de ideeën in het boek moeiteloos in je leven te verweven. Ook als je het druk hebt, ook als je kinderen hebt, ook als je liever Netflix kijkt.

12

IK TWIJFEL OF DIT ECHT WERKT VOOR MIJ

Ik weet het, het is natuurlijk allemaal makkelijk gezegd. Gewoon dagelijks mediteren, dan wordt je leven vanzelf leuker. Het is waar, maar dat wil natuurlijk niet zeggen dat het vanzelf gaat. En het wil ook niet zeggen dat je niet twijfelt. En als je twijfelt omdat het allemaal een béétje te mooi klinkt om waar te zijn, wees gerust. In dit hoofdstuk bekijken we de situatie van meerdere kanten. Want niets in het leven draait alleen om geurige bloemenvelden, roze glitters en slagroomsoezen – de realiteit is altijd rafelig. Dus laten we eens kijken.

Als je bent zoals de meeste mensen – en zoals ik – dan zul je wat tijd nodig hebben om de gewoonte van dagelijkse meditatie in te voeren. Daar is natuurlijk niets mis mee. Een gewoonte als meditatie is zo strategisch dat je er rustig een tijdje voor uit kunt trekken. Want al kost het je drie jaar om het onder de knie te krijgen, als je vervolgens de rest van je leven regelmatig mediteert dan heb je waarschijnlijk nog een heel lange tijd om te profiteren van je nieuwe gewoonte. Zoals dat ook geldt voor nuttige gewoontes als tandenpoetsen, dagelijks fruit eten, regelmatig bewegen, zelfdiscipline ontwikkelen en je lama borstelen.

Meditatie is gereedschap, meer niet. Een effectieve techniek om te bewegen richting kalmte, rust, compassie en liefde. Het is niet het enige gereedschap en het is geen tovenarij. Het werkt heel goed voor dit doel maar niet per se voor andere doelen. Zoals een boormachine goed werkt om een gat te boren en minder goed werkt als je dus je lama wilt borstelen. Logisch.

En die effectiviteit van meditatie is in de eerste plaats fijn voor jezelf. Omdat je merkt dat je leven lichter wordt – minder dramatisch. Je merkt al snel dat de dagen waarop je mediteert soepeler lopen. Dat je een nieuw soort innerlijke rust ontwikkelt die je helpt met een glimlach op je snoet door je dag te gaan.

Fijn. Maar zoals met alle dingen in het leven: de resultaten van meditatie hebben meerdere kanten. Want terwijl jij werkt aan jezelf en je bewustzijn langzaam vult met rust en liefde, word je ook een ander mens naar buiten toe. Begripvoller, geduldiger, meer ontspannen en minder serieus. Vaak zijn het de mensen met wie we nauw samenleven die als eerste opmerken dat er iets aan het veranderen is.

Ik merkte bij mezelf in de beginperiode dat ik minder noodzaak zag om mijn gelijk te halen, iets waar ik (zoals ik eerder schreef) als twintiger altijd bijzonder veel energie in stak. Eindeloze discussies over allerlei onderwerpen – en waarvoor? Ineens zag ik dat mijn enige doel hiermee was om aan mezelf te bewijzen dat ik slim en goed genoeg was. Dat ik waardevol was. Maar nu de wateren in mijn hoofd kalmer waren, leken dit soort bezigheden ineens vrij nutteloos. We weten allemaal dat kalmte kracht uitstraalt. Het zijn niet de mensen die hysterisch in de rondte rennen en eindeloos praten waar we respect voor ontwikkelen. Het zijn de mensen die rustig en kalm blijven, als een spin in het midden van zijn web, om alleen in actie te komen als het echt iets toevoegt.

Jij en je directe omgeving hebben vrij snel profijt van je nieuwe gewoonte. Simpelweg omdat je een fijn persoon wordt om te zijn én om bij in de buurt te zijn. Maar de voordelen stoppen hier niet. Want jouw invloed reikt verder dan alleen je directe omgeving. Je hebt ook invloed op onze samenleving.

Hoe jij de samenleving beïnvloedt

Ik weet het – onze samenleving is groot. Ons land en onze wereld zitten vol met mensen, en jij bent maar in je eentje. Helemaal waar. Maar als je beter kijkt zie je dat onze samenleving niets anders is dan een verzameling van personen zoals jij en ik.

Als jij verandert, verander je wel degelijk een stuk van onze samenleving, van onze gezamenlijke kijk op de wereld. Jouw beweging richting kalmte, compassie en dolle pret is een kleine beweging voor de hele maatschappij. Met jouw verandering heb je een impact op de mensen om je heen. En die mensen veranderen daardoor ook een klein beetje. Kalmte voedt kalmte, liefde voedt liefde. Als jij laat blijken dat iemand volledig zichzelf kan zijn bij jou – omdat je niet langer rondloopt met oordelen en allerlei verwachtingen – dan help je die persoon om kalmer te zijn, zichzelf te accepteren en meer te openen.

Jij komt jaarlijks in aanraking met honderden, misschien wel duizenden mensen. En op al deze mensen heb je een kleine impact. En hoe verder je komt in je persoonlijke groei, des te groter deze impact wordt. Want hoe verder je begint af te wijken van de norm, des te opvallender je bent. Als jij compassie kiest waar de meeste mensen angst kiezen, dan val je op. Als je kalm blijft waar de meeste mensen in de stress schieten, dan blijft dat niet onopgemerkt. En als jij vaak rondloopt met een glimlach terwijl er ogenschijnlijk helemaal niets is om blij over te zijn, dan zet je altijd iets in beweging.

Soms voelt het alsof we als individuen niet veel verschil kunnen maken. Maar het is belangrijk om te beseffen dat het precies andersom is: *alléén als individu kun je verschil maken*. Een 'groep' is een gedachte, een sticker die we plakken op een verzameling individuen. Het zijn de mensen in die groep die verandering teweegbrengen, niet de 'groep' zelf. De groep bestaat alleen in gedachten. Het zijn de individuen die het werk doen. Hoe beter je wordt in mediteren, des te meer je bijdraagt aan een liefdevol gezin, een liefdevolle vriendenkring, familie, straat, wijk, stad en wereld. Op een vrij praktische en tastbare manier.

Jij blij, wij blij. Dat is het idee.

Dus genoeg redenen om hier eens een serieuze poging aan te wagen. Het is niet nodig om je hele leven aan meditatie te wijden om resultaat te merken. En dat is ook zeker niet mijn advies – want je hebt nog meer te doen. We zijn er allemaal bij gebaat als je gewoon de was blijft doen enzo. Er staat een energietransitie op stapel, mensen moeten geholpen worden – er is genoeg te doen. En het is niet nodig om zweverig, spiritueel of heel ingewikkeld te doen om vooruit te komen. Sterker nog – dit soort dingen houden je eerder tegen in je ontwikkeling.

Ik heb ook nog geen knot op m'n hoofd gezet en draag nog steeds jeans in plaats van linnen gewaden. Dat mensen al duizenden jaren mediteren wil niet zeggen dat we ons ineens hoeven te gedragen als onze verre voorouders. Want waarom wel de wierook overnemen maar niet de beerput in de achtertuin? Waarom wel de 'spirituele kleding' maar niet de gewoonte om die kleding met de hand te wassen in de rivier? Blijf gewoon lekker zoals je bent, want zoals je bent ben je prima. Ruil wat televisie-, Netflix- of smartphonetijd in voor wat meditatie – meer hoeft er als je het mij vraagt niet te gebeuren.

Brand gerust wierook als dat je blij maakt. En draag gerust een gewaad als dat je helpt. Maar vergeet ook vooral niet te mediteren, want dat gewaad gaat je leven echt niet veranderen. De effecten worden teweeggebracht door daadwerkelijke *beoefening* van meditatie. Niet door de gedachte dat jij een persoon bent die mediteert. Als ik eens per week mijn tanden poets dan kan ik mezelf gerust een *tandenpoetser* noemen. Maar ik zal snel genoeg merken dat ik het effect van tandenpoetsen alleen ervaar als ik daadwerkelijk dagelijks mijn tanden poets.

Er zijn een heleboel mensen die zichzelf heel 'spiritueel' noemen, maar het nooit daadwerkelijk *beoefenen*. Persoonlijke groei ontwikkel je niet met pingelmuziek en Indiase sieraden, of door eindeloos te blijven lezen *over* meditatie. Door te *denken* aan fietsen beland je nooit bij de supermarkt. Als je echt vooruit wilt komen zul je moeten gaan zitten en je meditatie starten. Dat is alles, en dat voelt soms uitdagend genoeg. Je hebt geen extra kennis nodig, je hebt extra vlieguren nodig. En als je *naast* je meditaties ook nog andere dingen wilt doen, zoals je linnen gewaden wassen in de sloot – perfect. Dan maak je ook nog eens mensen aan het lachen, en lachen is gezond.

Maar heeft meditatie dan helemaal geen nadelen?

Ik roep altijd: alles heeft voor- en nadelen. Vrijwel niets is alleen maar geweldig of alleen maar ellendig. Zoals ik al schreef: er is altijd dat grijze gebied waarin dingen een beetje van beide zijn. Geldt dat dan ook voor meditatie? Natuurlijk. Meditatie heeft ook nadelen, maar het zijn mogelijk niet de nadelen die je verwacht.

Het voornaamste nadeel van meditatie? Simpel: de tijd die je doorbrengt in meditatie kun je niet besteden aan andere bezigheden. Het is mijn advies om vooral je minder constructieve bezigheden in te korten, zodat je tijd vrij kunt maken voor deze nieuwe gewoonte. Maar nog steeds geldt: meditatie kost tijd. En tijd kun je maar één keer besteden. Nu moet ik zeggen dat meditatie je het gevoel geeft dat je meer tijd hebt. Want je weet hoe dat gaat: hoe harder je je haast des te sneller de tijd lijkt te verstrijken. Als je kalm bent beweegt de klok gevoelsmatig een stuk langzamer. Dus in dat licht kan meditatie je gevoelsmatig tijd opleveren. En wanneer je innerlijke rust begint te groeien voel je ook minder de neiging om 'onnodig' werk te creëren. Later zoeken we uit hoe we tijd kunnen maken voor meditatie, zelfs als je druk bent of kinderen hebt.

Een ander nadeel aan meditatie is dat het al snel een verwarrende boel wordt. Je begint met het observeren van sensaties en gedachten. En op een bepaald moment kun je bepaalde gedachten heel duidelijk zien als onzin. Maar andere gedachten voelen misschien nog heel urgent en waar.

Omdat mensen zoals ik meditatie constant ophemelen, worden er bij jou en anderen natuurlijk verwachtingen gecreëerd. Nou is het aan de ene kant nodig om die verwachtingen bij je op te bouwen. Want als je niet zou verwachten dat meditatie iets wenselijks zou opleveren dan zou je er nooit mee beginnen – logisch. Dus we willen dat je zin krijgt om aan de slag te gaan omdat er wat moois te halen is. Maar vervolgens – en dit is vrij tegenstrijdig – is het van belang dat je alle verwachtingen over meditatie *loslaat*.

Dus ja – regelmatig mediteren zal je leven waarschijnlijk beter maken. Het kan die ene gewoonte zijn die je leven magischer, eenvoudiger en betekenisvoller maakt. Maar tijdens je meditatie wil je al die verwachtingen loslaten. Want verwachtingen zijn gewoon gedachten, en die gedachten laten we gewoon voorbijzweven als wolken aan de lucht. En dat is soms verwarrend, totdat het niet verwarrend meer is. En je vermindert die verwarring door regelmatig te mediteren. Dus je zou kunnen stellen dat een nadeel van meditatie is dat het waarschijnlijk niet zal voldoen aan je verwachtingen. En precies wanneer je dat hele gedoe durft los te laten, zul je merken dat het ineens een heleboel voor je doet.

Maar dit lost zichzelf op door gewoon regelmatig te gaan zitten. Dus je hoeft je er niet te druk om te maken.

Een ander potentieel nadeel is de trammelant die komt kijken bij persoonlijke groei in het algemeen. Regelmatig mediteren – en zeker de meditatie die ik in dit boek met je deel – is als een *hyperloop* voor persoonlijke groei. Als je dit serieus oppakt ben je over zes maanden niet meer de persoon die je nu bent op subtiele en minder subtiele manieren. En dat heeft natuurlijk wel zijn effecten.

In de eerste plaats heeft het invloed op de relaties met de mensen om je heen. Want jij raast voorbij in de magneetzweeftrein terwijl de rest van je omgeving gewoon rustig een bakkie staat te drinken op het perron. Dat hoeft geen probleem te zijn, maar het is goed mogelijk dat je gefrustreerd raakt dat de mensen die het dichtst bij je staan geen idee hebben waar je het allemaal over hebt. Je kunt je soms eenzaam voelen of onbegrepen. Daar is niets mis mee, want dit zijn gewoon opnieuw gedachten die je kunt observeren. Maar als je snel vooruitgaat is wrijving niet uitgesloten. Daarom is het verstandig om je tempo een beetje in de gaten te houden, en jezelf de tijd te geven om je vooruitgang te integreren in je leven en je relaties. Geen haast, zou ik zeggen.

En dan is er nog het kleine feit dat de weg naar innerlijke rust en waarheid niet alleen geplaveid is met liefde, vlinders en dansende bloemen. Nee – je zult jezelf af en toe behoorlijk tegenkomen. Dat is niet erg, want we weten allebei dat je een leuk mens bent. Maar het kan soms even wennen zijn. Bijvoorbeeld wanneer bepaalde langgekoesterde overtuigingen uiteen beginnen te vallen omdat je ziet dat het allemaal scheten zijn. Dan is een kleine existentiële crisis links en rechts niet uitgesloten. Nou ben ik persoonlijk helemaal voor het opstarten van dit soort processen. Want als je het zelf niet doet, dan komt het later toch wel op je pad. Het kan maar beter uit de weg zijn, denk ik dan. Maar het is iets om rekening mee te houden. Als je echt vooruitgang begint te boeken met meditatie dan zal er een hoop liefde en plezier zijn – maar er zullen mogelijk ook tranen zijn van tijd tot tijd. Momenten waarop je je verward of eenzaam voelt. De weg vooruit is dan opnieuw gewoon regelmatig gaan zitten en de trammelant observeren. Geduld hebben en de storm voorbij laten razen. Maar altijd makkelijk is het natuurlijk niet.

En tot slot is er natuurlijk het wegsmelten van het drama in je leven als sneeuw onder de lentezon. Hoe verder je komt, des te minder drama je in je leven ontwikkelt. Er ontstaat minder interesse, minder begrip – drama verliest zijn entertainmentwaarde. En dat is soms best problematisch in een wereld waarin je omgeving constant verwikkeld raakt in drama. In hun leven, in het nieuws, op straat en op de parkeerplaats bij IKEA. Iedereen ervaart drama en jij kijkt ernaar en denkt: *Bij-*

zonder dat mensen zich zo druk maken. Dat is natuurlijk heel bevrijdend en rustgevend, maar het kan ook isolerend voelen. Ook daar kom je wel weer doorheen, maar je zult wel andere bezigheden moeten gaan zoeken. Want eindeloos piekeren over dingen waar je geen controle over hebt, dat is er op een gegeven moment niet meer bij. Dus ja – dan maar een boek lezen, of een stal bouwen voor je geborstelde lama – kan ook.

En begrijp me niet verkeerd: dit zijn wat mij betreft geen redenen om niet te mediteren. Want zonder te mediteren zul je ook allerlei ellende tegenkomen in je leven. En waarschijnlijk vaker en intenser, omdat je niet het perspectief ontwikkelt om afstand te nemen van het drama. Persoonlijke groei is soms uitdagend. Alles wat de moeite waard is kost moeite – zo is het nu eenmaal.

Maar ik deel het met je om te voorkomen dat we samen in een soort naïef sprookje terechtkomen waarin we net doen alsof de wereld alleen is gevuld met eenhoorns, springkussens en slagroomsoezen. Zoals gezegd is de realiteit vaak rafelend en rauw – en dat is helemaal oké. Meditatie raakt al je levensgebieden aan, het zet van alles in beweging. En als je vastzit in bepaalde gebieden, dan zal dat misschien even pijn doen. Een beetje zoals het uitdoen van je schaatsen bijzonder veel pijn doet na een lange middag op het ijs. En soms groei je tegen een plafond aan, en dat ga je voelen in je nek. En uiteindelijk breek je er gewoon doorheen, en dat doet even pijn. Wanneer ik als kind groeipijnen had dan was er mijn moeder die geduldig over mijn benen wreef tot het minder werd. Maar met dit soort groeipijnen zul je toch echt zelf moeten wrijven.

Persoonlijke groei is soms een hele toestand. Maar het fijne is dat je met meditatie je geduld traint. En geduld is meestal alles wat je nodig hebt. Zie het drama passeren en heb geduld, dan komt alles op zijn pootjes terecht. Dat is eigenlijk alles wat er te doen is.

Ik vind het de moeite waard

Kijk, ik heb net zoveel hekel aan het doen van overbodige dingen als jij. Sterker nog, ik heb de indruk dat mijn afkeer van overbodigheid onnatuurlijk groot is. Noem het luiheid, noem het strategisch – het punt is: ik vind meditatie mijn tijd en moeite waard. Omdat het de enige gewoonte is waarmee ik in één klap alle gebieden in mijn leven kan opwaarderen.

Niet alleen voel ik me gelukkiger en rustiger als ik dagelijks mediteer. Ik ben ook zachter, empathischer en minder snel getriggerd. En waar ik als twintiger regelmatig rondliep met stress en een 'knoop in m'n maag', is stress nu iets wat me opvalt zoals het stoten van mijn hoofd me niet ontgaat. Onrust was vroeger mijn uitgangspunt, nu sta ik ervan versteld dat ik vroeger zo kon leven.

Daarnaast heb ik meer geduld ontwikkeld en meer waardering voor de kleine dingen in het leven. Ik zie duidelijker dat het leven is zoals het is, en niet anders. En dat kan ik nu steeds vaker accepteren en omarmen. Meditatie heeft me geholpen mijn gedachten te zien voor wat ze zijn: scheten. Niet waar, niet heel belangrijk – gewoon sensaties. En waar ik mijn persoonlijke problemen vroeger zag als onwijs belangrijk, kan ik nu genieten van het drama. Waar ik me eerder liet meeslepen met gedachten over de toekomst, zie ik nu dat de toekomst nergens te bekennen is. Ik zal nog steeds werken om ellende te minimaliseren, maar tegelijkertijd lukt het me ook om naar het drama te kijken met een glimlach. Want hoe serieuzer ik het allemaal neem, des te zwaarder het allemaal gaat voelen. En ik zie heel duidelijk dat ik zelf die keuze heb.

Geen enkele andere gewoonte heeft me tot nu toe geholpen op zo'n breed niveau mijn leven te verbeteren. Ja – gezonder leven had natuurlijk een enorme impact. Maar zelfs gezond leven wordt ondersteund door te mediteren omdat ik nogal een emotie-eter ben. En hoe meer ik mediteer, des te duidelijker ik die emoties zie en hoe beter ik ermee om kan gaan op constructieve manieren. Een toename van acceptatie leidt tot een afname van appelgebakconsumptie. Best grappig hoe dat werkt.

Daarnaast zorgt regelmatige meditatie dus voor een drastische afname in stress. En zoals je waarschijnlijk wel weet heeft een gestrest lichaam meer moeite om zichzelf gezond te houden. Wanneer die belemmering wegvalt, blijkt er ineens veel meer gezondheid en energie vrij te komen.

Wat ik eigenlijk wil zeggen is dit: het klopt dat mediteren niet altijd vanzelf gaat. Het klopt dat het (zeker in het begin) uitdagend kan zijn. En het klopt dat dat geen magie is maar gewoon 'hard werken'. Het is een vaardigheid die je kunt leren, net als fietsen en autorijden. Je kunt het zelf leren, simpelweg door meters te maken. En ik zou stellen dat regelmatig mediteren de meest strategische gewoonte is die je nu kunt aanleren.

Of je leven nu lekker loopt of één groot drama lijkt te zijn. Ja, je zult geconfronteerd worden met weerstand. Je zult jezelf flink tegenkomen. En je zult vaak het gevoel hebben dat je beter iets 'nuttigs' kunt gaan doen in plaats van stilzitten en een of ander mantra opdreunen. En misschien heb je gelijk, maar waarschijnlijk is het effectiever om die gedachte te observeren en gewoon voorbij te laten waaien. Zodat je kunt uitzoeken wat er gebeurt wanneer je de pogingen tot zelfsabotage negeert. Want dat is precies de plek waar innerlijke rust en persoonlijke groei te vinden zijn.

We zijn zo gewend om onze problemen te lijf te gaan met plannen en praktische stappen. En het voelt zo tegenstrijdig dat 'niets doen' soms net zo effectief of uiteindelijk effectiever kan zijn. Maar zodra je er een beetje bedreven in raakt zul je merken dat meditatie je daadwerkelijk helpt leven met wind mee. Alles wordt iets simpeler, iets rijker, iets glanzender en moeitelozer.

Dus mijn plan is om af te sluiten met een flinke dosis praktische inspiratie om die gewoonte eens en voor altijd moeiteloos in ons leven te verankeren. In de komende hoofdstukken gaan we kijken naar simpele, praktische tips om meditatie zo simpel en effectief mogelijk te maken. We gaan uitzoeken hoe we moeiteloos aan boord stappen van die magneetzweeftrein richting persoonlijke groei.

DUS?

- Dus meditatie heeft, net als alles in het leven, voor- en nadelen.
- Toch is deze gewoonte wat mij betreft de meest strategische verandering die je kunt maken in je leven.
- Regelmatig mediteren heeft ontzettend veel voordelen en helpt je razendsnel vooruit in je persoonlijke groei.
- Als je twijfelt stel ik voor dat je het gewoon probeert. Als het niet bevalt kun je altijd nog tv gaan kijken.

In je eigen windmachine

Benieuwd naar alle manieren waarop meditatie je leven leuker kan maken? In je eigen windmachine vind je een lijst.

sochicken.nl/windmachine

13
HOE LEER IK MEZELF DE GEWOONTE AAN?

Klaar om in die magneetzweeftrein te stappen? Goed plan. Als je van meditatie een dagelijkse gewoonte wilt maken is het belangrijk dat je het serieus neemt. Maar gelukkig kost dat minder moeite dan je zou verwachten. Waarom? Omdat je verlangen om te mediteren wordt gevoed door te mediteren. De eerste week moet je jezelf wellicht een beetje pushen om te gaan zitten. Je merkt misschien dat je meditatiesessies je vooral onrustig maken. Dat het te saai voelt voor je brein waardoor je niet kunt wachten tot je timer afgaat.

Maar dan – na een paar dagen mediteren – voel je je ineens onverklaarbaar kalm. Ineens merk je dat die opmerking van die vreselijk irritante collega je weinig doet. Normaal zou je direct in de verdediging schieten, nu voel je kalmte. Je voelt dat je je impulsen beter onder controle hebt. Je ervaart een onverklaarbaar gevoel van liefde voor vreemden op straat. Je hart maakt een sprongetje als je ziet hoe de zonnestralen mooi door de bomen vallen of als je ziet hoe de mensen in de stad kriskras door elkaar lopen.

En ineens kun je niet wachten tot je weer mag gaan zitten. Om uit te zoeken hoe ver je hiermee kunt gaan. Want de dagen dat je mediteert lopen lekkerder. Ze hebben meer glans, meer eenvoud, meer liefde en rust. En plotseling zie je in dat mediteren je veel meer oplevert dan Netflix. Dat een kwartiertje mediteren een onwijs goede tijdsinvestering is. Je begint te begrijpen hoe het mogelijk is dat sommige mensen dit dagelijks doen, zelfs voor langere perioden. Je begint te zien dat mediteren misschien wel een van de belangrijkste dingen is die je op een dag kunt doen.

En zodra dat balletje begint te rollen wordt alles eenvoudiger. Dan begin je ineens de wind in je rug te krijgen, en kom je vooruit met minder moeite.

Leer rustig beginnen

Ik mediteer nu meestal twee keer per dag zo'n 20 minuten. Maar zo ben ik natuurlijk niet begonnen. En ik raad je aan om hier ook niet mee te beginnen. Waarom? Het opbouwen van de gewoonte is het doel. Lengte komt later. Als je van jezelf verlangt dat je lang mediteert zul je het gaan uitstellen. Dan zul je denken: *O ja, ik zou gaan mediteren. Pfff, saai. En het duurt zo lang. Misschien kan ik nu even die serie kijken, en dan doe ik morgen extra m'n best.*

Wat je wilt doen is jezelf de ruimte geven en lief voor jezelf zijn. Gebruik de meditatie-instructies in hoofdstuk 4 en begin gewoon met 3-5 minuten per sessie. Bouw het rustig op naar 10 minuten. En kijk vanuit daar hoever je wilt gaan. Als je de rest van je leven 10 minuten per dag mediteert, bereik je véél meer dan wanneer je een week lang een uur per dag mediteert en daarna stopt omdat het te veel blijkt.

Merk je dat je met plezier en relatief weinig moeite aan het mediteren slaat? Dan wordt het tijd om je sessies te verlengen. Als een maatstaf zou ik zeggen dat je wilt toewerken naar twee sessies van 15-20 minuten. Bijvoorbeeld je eerste sessie voor of na het ontbijt en je tweede sessie voor het avondeten of aan het begin van je avond. Zoek vooral uit wat het best in jouw leven past. Als je deze gewoonte vast kunt houden, zal je leven voor altijd veranderen.

En ik weet het, er is altijd een reden om niet te mediteren. Want er zijn altijd dingen die belangrijker of leuker lijken. Dat overkomt mij ook nog regelmatig, dus voel je niet slecht als het gebeurt. Soms zit ik lekker op de bank en krijg ik een herinnering dat het tijd is om te gaan zitten, en redeneert mijn brein dat op de bank zitten belangrijker is. *Ik ga straks wel mediteren* is een gedachte die ik dan zie passeren. Waarschijnlijk herken je dat. Want ja, je hebt het druk, je wilt even ontspannen, eerst iets anders doen – en voor je het weet is het weer bedtijd en is er niet gemediteerd. Terwijl je zo graag dagelijks zou willen mediteren.

Wat is dat toch? Waarom is het soms zo lastig om een moment te vinden om te mediteren? En hoe komt het dat je zoveel weerstand voelt om te gaan zitten? Goede vragen. Laten we eens kijken wat je kunt doen om van mediteren een moeiteloze dagelijkse gewoonte te maken.

Consistentie eerst – lengte later

Meditatie is zoals gezegd een krachtig gereedschap om meer innerlijke rust en persoonlijke groei te realiseren. Maar om van die voordelen te genieten is het belangrijk dat je regelmatig – liefst dagelijks – mediteert. Dus? Dus is het eerste doel niet om zo lang of zo diep mogelijk te mediteren. Het eerste doel is ervoor zorgen dat meditatie een dagelijkse gewoonte wordt. Dat het een natuurlijk onderdeel van je leven vormt.

Zitten en beginnen is het doel, de rest komt later. Die gedachte helpt ontzettend wanneer je wilt mediteren maar jezelf er niet toe kunt zetten. Verlang niet van jezelf dat je meteen 20 minuten gaat zitten, begin zoals gezegd gewoon bij 3-5 minuten.

Dus je zit op de bank en je zou willen mediteren, maar je voelt weerstand. En je brein zegt dingen als: *Pffff, ja maar het duurt meteen zo lang. Ik heb geen zin om twintig minuten te zitten. Meeeehhhhh.* Verander dat verhaal dan naar: *Oké, ik zet een timer voor vijf minuten – dat kan ik nu wel aan – en mocht ik dan langer willen zitten dan is dat prima.*

Simpel. Ga elke dag een paar minuten zitten. Voor je het weet begint de weerstand weg te smelten en kun je werken aan de lengte. Consistentie eerst, lengte later.

Begeleid jezelf door het uitdagende midden

Zoals je inmiddels weet: alles wat de moeite waard is kost moeite. Als je iets nieuws probeert dan ervaar je in het begin vaak vooral voordelen. Je eerste maand mediteren is misschien ook zo. Je voelt je blij en kalm na je sessies, en alles lijkt geweldig. Maar dan – na een paar weken – word je geconfronteerd met het saaie midden. De dip. Dit is een periode waarin je ontdekt dat een nieuwe vaardigheid leren toch iets meer moeite kost dan je dacht. En dit is de fase waarin de meeste mensen het bijltje erbij neergooien.

Maar als je voorbereid bent op de dip kun je er gestaag doorheen werken. Wat je wilt doen is vlieguren maken, ervaring opdoen en beter worden in mediteren. Dat kost tijd. Maar het enige wat je hoeft te doen is elke dag even gaan zitten – meer niet. Consistent, zonder verwachtingen.

Als je dit maar lang genoeg volhoudt dan kom je vanzelf op de plek waar je meer innerlijke rust ervaart en persoonlijke groei doormaakt. En dat is best de moeite waard, dus je mag er je tijd voor nemen. Alle begin is ongemakkelijk. Maar wanneer je begint te wennen aan je nieuwe gewoonte, begint het allemaal steeds minder moeite te kosten. Na een paar weken zul je merken dat je brein gewend is geraakt aan je mantra, waardoor je razendsnel diep in je meditatie zakt met weinig moeite.

Maak dat mediteren wordt zoals tandenpoetsen

Zoals gezegd: het fijne aan meditatie is dat de drang om te mediteren wordt gevoed door te mediteren. Het is een beetje als tandenpoetsen. Op een bepaald moment kun je de tandplak in je mond niet langer tolereren en sla je vanzelf aan het poetsen. Dat is de plek waar ik nu ben met meditatie.

Als ik niet mediteer dan klopt er iets niet. Dan merk ik dat m'n hoofd druk wordt en ik mijn gedachten weer serieus neem. En dat ongemak zorgt ervoor dat ik tijd maak om even te zitten. Dit is overigens geen vervanging van consistent gaan zitten. Maar het maakt het opbrengen van consistentie wel een stuk eenvoudiger. Als je jezelf door het saaie midden kunt duwen – en gewoon stug elke dag even gaat zitten om te mediteren – dan zul je gaandeweg merken dat meditatie je leven beter maakt. En dat je de terugval naar je oude manier van leven niet langer kunt tolereren. En wanneer dat gebeurt, begint de weerstand te verdwijnen. Dan hoef je niet langer zo hard te pushen, dan gaat het grotendeels vanzelf. Best fijn.

Zoals we hebben gezien zijn er meer dan genoeg redenen om regelmatig te mediteren. En als je rustig begint – met zelfcompassie en zelfliefde – zul je merken dat er nauwelijks redenen overblijven om het *niet* te doen. Het is een gewoonte die je leven naar een hoger niveau tilt en je in contact brengt met je leven zoals het is – je luistert niet meer naar de verhalen in je hoofd die zoveel drama en ellende veroorzaken.

Er zijn een aantal praktische dingen die je kunt doen om te gaan zitten met minder moeite. Hieronder heb ik een aantal technieken die ik gebruik(te) voor je op een rijtje gezet.

Verlies consistentie niet uit het oog

Zelfs nu ik 'gevorderd' ben met mediteren merk ik nog hoe mijn brein soms liever niet mediteert. Ik ben inmiddels gewend aan langere sessies, dus ik weet dat ik minimaal twintig minuten kwijt zal zijn per sessie. Maar op momenten dat ik moe ben of gewoon geen zin heb voelen die twintig minuten ineens ontzettend lang.

Dus dan herinner ik mezelf er weer aan dat consistentie belangrijker is dan lengte. En ik open de onderhandelingen met m'n brein: *Als ik een kwartiertje mediteer, heb ik dan wel zin? Nee? Oké, twaalf minuten? Yes – let's do this!* Ik zet de timer en begin. En vaak blijkt – als ik eenmaal zit – dat ik graag verder ga.

Onderhandel gerust met jezelf, en mediteer desnoods 1 minuut. Als dat alles is wat erin zit op dit moment, doe het daar dan mee. Iets is echt beter dan niets.

Ik gebruik een simpele herinnering

Op mijn telefoon heb ik een herhalende herinnering in de namiddag ingesteld om te mediteren. Het is niet zo dat ik meteen alles uit mijn handen laat vallen en ga zitten. Maar de herinnering helpt me om mijn doel niet uit het oog te verliezen.

Zodra ik de kans krijg ga ik zitten, dat is het idee. En dat lukt vaak genoeg, waardoor de gewoonte steeds sterker wordt. In de ochtend heb ik de herinnering niet meer nodig. Maar stel vooral een herinnering in als je wilt, het maakt de kans weer iets groter dat je gaat zitten.

En voel je niet slecht als je de herinnering negeert en uiteindelijk niet mediteert. Morgen heb je weer een kans, niets aan de hand. Je hoeft de gewoonte niet perfect te implementeren en er is zoals gezegd ook geen haast bij.

Hoe vaker het je lukt, des te beter je wordt in mediteren en des te leuker het wordt. Dan begin je te wennen aan je nieuwe innerlijke stilte, waardoor je je automatisch geneigd voelt om te gaan zitten als het onrustig wordt daarbinnen. Net als met tandenpoetsen dus – simpel.

Ik gebruik een meditatietimer

Het fijne aan mediteren met een timer is dat je je niet druk hoeft te maken om de tijd. Tijdens je meditatie raakt je tijdsbesef een beetje van de leg. Als je verveling ervaart heb je misschien wel elke twee minuten de neiging om te checken hoe ver je bent. Dat werkt niet.

Als je een timer inschakelt kun je gewoon rustig zitten tot de timer afgaat. Vroeger gebruikte ik gewoon de ingebouwde timerfunctie op mijn iPhone. Maar tegenwoordig gebruik ik een speciale meditatie-app. Wat daar anders aan is? Naast de gezellige deuntjes, kun je als de timer afgaat gewoon blijven zitten zolang je wilt. Soms zit je er zo lekker in dat je graag nog een paar minuten blijft zitten. Dan is het fijn dat je niet gedwongen wordt om op te staan. De timer telt ondertussen gewoon verder. En dat is leuk, want dit soort apps kun je koppelen aan de gezondheidsdatabase op je telefoon (Apple Health of Google Health) waardoor je later precies kunt zien hoe vaak en hoe lang je hebt gemediteerd. Als dit soort cijfers je motiveren dan kun je dit gebruiken om je gewoonte aan te leren met minder moeite.

Ik maak het comfortabel

Mediteren draait om het kalmeren van je brein, en wat mij betreft niet om het trainen van je rugspieren. Ja – het is beter om te mediteren met een rechte rug. Al is het maar zodat je niet wegdoezelt. Maar ik zet comfort voorop. Ik zit gewoon in de kleermakerszit op mijn bed, op de bank of op een comfortabele stoel met een kussen in m'n rug. Soms met een deken over m'n benen als het koud is.

Hoe comfortabeler je zit, des te langer je het volhoudt. En des te makkelijker het is om steeds dieper weg te glijden in je meditatie. Er zijn vast hele goede redenen waarom sommige tradities veel waarde hechten aan kaarsrecht zitten op een hard kussen of de kale grond. Maar ik weet nu al dat ik nooit dagelijks zou mediteren als het zo oncomfortabel zou zijn, en misschien geldt dat ook voor jou.

Dus experimenteer gerust met spartaanse houdingen. Maar weet dat je gewoon vooruitgang kunt boeken in een fluffy omgeving vol kussens, dekens en koudschuimmatrassen. Maar maak het niet té comfortabel, want dan lig je binnen no time te snurken, en dat is ook weer niet het streven.

Ik zie meditatie als een investering

Er zijn altijd dingen te doen. Sterker nog – er zal altijd meer te doen zijn dan ik kan doen. En het doen van die dingen is belangrijk, maar het afronden van al die taken helpt me waarschijnlijk niet echt vooruit in mijn persoonlijke groei.

Meditatie zie ik als investering in mezelf. Het is niet zo praktisch als de vaatwasser inruimen of een artikel schrijven. Maar na mijn sessie heb ik wel iets bereikt. Ik heb mijn concentratie weer iets sterker gemaakt en heb een gevoel van rust, blijdschap en tevredenheid gecultiveerd. Dat neem ik mee mijn dag in, waardoor het inruimen van de vaatwasser minder vervelend voelt en de kleine tegenslagen niet meer voelen als tegenslagen.

En hoe vaker ik in mezelf investeer op deze manier, des te meer 'rendement' ik kan plukken. Een kleine stap vandaag, een enorme verandering over de komende maanden en jaren. Hoewel die ene sessie vandaag minder nuttig lijkt dan het urgente werk op je to-dolijst, is het uiteindelijk juist omgekeerd. Als je dagelijks mediteert voel je je over een jaar veel kalmer, gelukkiger, geduldiger en liefdevoller. Als je elke dag alleen prioriteit blijft geven aan de waan van de dag, dan voel je je over tien jaar vanbinnen waarschijnlijk ongeveer hetzelfde.

Ik werk naar de lengtebonus

Je weet hoe je in sommige computergames constant wordt beloond, waardoor je gemotiveerd blijft om door te blijven spelen. Dat ervaar ik ook met meditatie. Ik weet en merk echt dat tien minuten mediteren een stuk effectiever is dan niet mediteren. Maar ik merk ook dat iets langer zitten unieke voordelen met zich meebrengt.

Steevast rond de 15-20 minuten in mijn meditatie merk ik hoe ik ineens dieper ontspan en meer innerlijke rust ervaar. En omdat ik weet dat langere meditaties me zo'n heerlijk kalm gevoel brengen, voel ik me gemotiveerd om toch te werken richting langere sessies.

Hoe meer bedreven je raakt, des te meer plezier je beleeft aan je meditaties. En des te sterker je begint te beseffen dat meditatie uiteindelijk net zo leuk is als series kijken – en uiteindelijk zelfs leuker.

Maak het klein, leuk en lekker comfortabel

Hoe simpeler je de gewoonte maakt, des te groter de kans wordt dat je die uitvoert.

- Herinner jezelf regelmatig aan je doel om dagelijks te mediteren. Bijvoorbeeld door een reminder op je telefoon of door het ophangen van een briefje op je badkamerspiegel.
- Maak de gewoonte aantrekkelijker door het makkelijk en leuk voor jezelf te maken. Begin klein, zorg voor comfort en gebruik een meditatietimer om zorgeloos te kunnen mediteren.
- Besef dat iets doen altijd beter is dan niets doen. Heb je weinig zin? Mediteer dan kort, maar mediteer wel. Zo blijf je vooruitgang boeken en blijf je de gewoonte cultiveren.
- Merk op welke positieve effecten meditatie in je leven heeft. Voel je je rustiger? Lopen je dagen soepeler? Voel je je vrolijker en positiever? De effecten zijn vaak subtiel, dus het is belangrijk om ze op te merken. Deze effecten houden je gemotiveerd om morgen weer te gaan zitten.
- Beoefen zelfcompassie: doe je best maar forceer het niet. Je hebt alle tijd. Hoe vaker je gaat zitten, des te groter de kans dat je in de toekomst opnieuw wilt gaan zitten. Een rustig hoofd went snel, en terugvallen naar de oude situatie voelt dan ineens onacceptabel. Dat is een goede interne motivatie om weer te gaan zitten. Een beetje zoals tandenpoetsen.

Klein, simpel en comfortabel. Dat is de manier waarop je jezelf uitnodigt om vaker te gaan zitten. Maar goed – ik weet wat je denkt: *Allemaal leuk en aardig, maar waar haal ik de tijd vandaan!* Laten we dat eens onderzoeken.

DUS?

- Dus door consistentie belangrijker te maken dan lengte kun je de meditatiegewoonte eenvoudig aanleren.
- De drang om te mediteren ontstaat door te mediteren. Met elke sessie investeer je daarom in een kalme en liefdevolle toekomst.
- Maak het klein, leuk en comfortabel voor jezelf. Dan vergroot je de kans dat je dagelijks gaat zitten.

In je eigen windmachine

Wil je weten welke meditatieapp(s) ik gebruik en aanbeveel? In je eigen windmachine vind je een overzicht.

sochicken.nl/windmachine

14
MAAR IK HEB HET DRUK

Je hebt het druk, en daarom lukt het je niet om te mediteren. Laten we daar eens verder op inzoomen. Want natuurlijk, ik begrijp je bezwaar. En ik begrijp waar het vandaan komt. Het leven is soms chaotisch en meditatie kost tijd. En soms is het lastig te combineren allemaal. Maar het is natuurlijk geen reden om niet te mediteren. In de eerste plaats: er zijn talloze zeer drukke en succesvolle mensen die regelmatig mediteren. Denk je dat Oprah Winfrey, Jim Carrey, Jennifer Aniston, Ellen DeGeneres, Russell Brand, Cameron Diaz en Tim Ferriss (om een paar mediterende beroemdheden te noemen) zwemmen in vrije tijd? Ik betwijfel het.

Je kunt je in de eerste plaats eens afvragen waarom je het zo druk hebt. Er zijn allerlei goede antwoorden te bedenken natuurlijk, en het zijn geen verkeerde antwoorden. Redenen zijn redenen. Maar het is interessant om te onderzoeken of een deel van de drukte in je leven misschien ontstaat uit je eigen chronische ontevredenheid.

Hoe niet mediteren je een berg tijd kost

Als we het druk hebben maken we vaak meer drukte. Hoe vaker we onze mail checken, des te meer mailtjes we versturen en des te meer mailtjes we terug ontvangen. Hoe meer we werken om onze taken af te ronden, des te meer extra werk er vaak uit voortkomt. Het één leidt vaak tot het ander.

Een nieuwe fauteuil leidt tot een *shopping spree* die uitmondt in een compleet nieuw interieur een paar maanden later. En je weet hoeveel tijd daarin gaat zitten. In de eerste plaats de uren die nodig zijn om nieuwe meubels uit te zoeken. Eindeloos vergelijken, afwegen en twijfelen voordat je eindelijk de knoop doorhakt. Voor je je oude meubels op Marktplaats hebt gezet en er na drie pogingen eindelijk eens iemand komt opdagen ben je alweer een paar dagen verder. En dan komen je nieuwe meubels. Voordat je die kubieke meter karton, piepschuim en plasticfolie netjes hebt gescheiden in de diverse recyclebakken ben je ook alweer een uur verder. Een beetje ontevredenheid kan zo je hele week in beslag nemen!

Een eerste foto op Instagram leidt tot een verslaving die je uren bezighoudt iedere avond. Een succesvol project leidt tot nieuwe kansen en mogelijkheden waardoor je meer projecten oppakt en meer verantwoordelijkheden op je schouders neemt.

Elke verandering leidt tot nieuwe kansen en mogelijkheden. En we grijpen ze vaak met beide handen aan. Waarom? Nou, zodat je verder komt in het leven. Meer comfort, meer erkenning, meer uitdaging en groei. Maar ook: zodat we ons eindelijk eens rustig kunnen voelen. Want als je nou iets meer zou verdienen, dan zou je je eindelijk rustig voelen. Als je nou maar een iets groter huis zou hebben dan zou dat heel prettig zijn. Als je nog even dat ene project afrondt dan kun je eindelijk ontspannen. Je werkt harder om ergens in de toekomst van de stress af te zijn en te kunnen genieten. In werkelijkheid ontstaan er juist steeds meer redenen om je gestrest en ontevreden te voelen.

Het resultaat is een vol leven. En in dat leven voel je je waarschijnlijk best gelukkig en tevreden. Maar je voelt je ook druk en gehaast. Je wilt hier ooit eens iets aan gaan doen, maar om daar te komen moet je eerst nog even die paar dingen veranderen aan je leven. Uiteindelijk werken we allemaal hard om rust in ons hoofd te ervaren. En in onze missie om daar te komen ervaren we juist ontzettend veel onrust. Niets mis mee, maar het kan effectiever. Bijvoorbeeld door wat tijd te maken voor meditatie – ik noem maar een zijweg.

Hoe meditatie tijd vrijmaakt

Het is een beetje een kip-eiverhaal. Maar als je me al langer volgt dan weet je dat ik als geen ander op de hoogte ben van kippen en eieren. Dus ik ben de juiste persoon om je te wijzen op dit levensveranderende inzicht:

Niet mediteren is onwijs tijdrovend.

Door te mediteren werk je richting innerlijke rust, tevredenheid, geduld en compassie. Ervaringen die niet alleen erg plezierig voelen, maar je ook tijd besparen.

Denk er maar eens over na. Als je je onrustig en ontevreden voelt, heb je constant het gevoel dat er iets moet veranderen. Waardoor er extra wensen en werkzaamheden ontstaan. Als je ongeduldig bent dan begin je te haasten door je leven. En hoe sneller je leeft, des te sneller de tijd lijkt te verstrijken. Haast brengt je in een constant gevoel van tijdgebrek. Alsof je steeds achter de feiten aan rent en harder rennen je enige oplossing is.

Een gebrek aan compassie leidt tot veel drama in je relaties en je interne dialoog. Dan kun je steeds rondlopen met het gevoel dat je beter bent dan bepaalde mensen of minder goed dan andere mensen. Dan kun je te hard voor jezelf zijn, waardoor je altijd het gevoel hebt dat je niet goed genoeg bent en dus moet veranderen. Dit veranderen zorgt dan weer voor extra werk, wat extra tijd kost.

Al die dingen leveren onwijs veel stress op. Je hebt vervolgens weer tijd en ruimte nodig om die stress af te bouwen. In onze spiraal van spanning en vermoeidheid neigen we niet naar de meest constructieve manieren om hiermee om te gaan. Dus voel je je aangetrokken tot bezigheden die makkelijk zijn en de spanning snel kunnen verlichten. Dingen als series kijken, videogames, social media, zeuren, ongezond eten, porno, alcohol – je kent het wel. Dingen die met mate je leven mogelijk leuker maken, maar waar je al snel te veel van hebt.

Het is een neerwaartse spiraal van tijdsbesteding. Het ene moment voel je je gestrest. Je begint met een leuke televisieserie die je helpt omgaan met deze stress. En deze serie heeft afleveringen van ongeveer een uur. Een seizoen heeft zo'n twintig afleveringen. En er zijn zeven seizoenen beschikbaar. Na een maand of twee ben je er alweer doorheen, en heb je dus ruim 17 volledige werkdagen besteed aan deze serie.

Hoe meer je op de hoogte raakt van al het beschikbare entertainment, des te meer tijd je erin steekt. Want je wilt niets missen. Gemiddeld besteden Nederlanders tussen de 4 en 5 uur per dag aan media als televisie, social media, gaming, Netflix en YouTube. Dat is 28 uur per week, of bijna 1.500 uur per jaar. Dat staat gelijk aan twee volledige maanden non-stop mediaconsumptie per jaar.

Nu ben ik overigens de laatste die hierover oordeelt. Want ik tel ook de nodige uurtjes af achter mijn spelcomputer. Het leven hoeft niet alleen maar nuttig, productief en serieus te zijn. Maar het zette mij in ieder geval wel aan het denken. De stress en ontevredenheid die we in het dagelijks leven ervaren leidt tot een eindeloze stroom aan tijdrovende bezigheden. En stress leidt daarnaast tot tunnelvisie, waardoor al die zaken waar je je druk over maakt extra zwaar en belangrijk voelen. En dubbel zo urgent. Waardoor je harder gaat rennen en het gevoel van tijdgebrek en overweldigd zijn verder groeit.

En op die plek kan een simpele meditatiegewoonte een strategisch verschil maken. Het helpt je je leven langzaam maar zeker van koers te veranderen. Waardoor de stress afneemt, de spanning verdwijnt, de ontevredenheid wegsmelt en je de haast begint te zien als de waanzin die het is.

Want waarom zou je door je leven willen rennen? Het is niet de onvermijdelijke eindbestemming waar je daadwerkelijk op zit te wachten. Althans, daar ga ik van uit. Je leven is niet eindeloos, dus is het niet veel logischer om rustig te genieten van elk moment? Na een tijdje mediteren zit je dan op de bank en denk je: *Weet je – ik kan een serie kijken. Maar ik weet dat ik dan mijn avond kwijt ben en me achteraf nauwelijks beter voel. Of ik ga eerst even mediteren. Want na een meditatie voel ik me meestal lekker kalm en blij. En dan zie ik daarna wel wat ik ga doen.*

En misschien kies je ervoor om na je meditatie alsnog die serie aan te zetten. Maar misschien ook niet. Zelf merk ik dat ik na meditatie meestal geen zin heb in drama, en liever een boek lees, iets met m'n handen doe (zoals opruimen of schoonmaken) of een beetje yoga. En het is allemaal prima. Maar ik hoop dat je inziet hoe meditatie tijd voor zichzelf kan maken.

Hoe je tijd vrijmaakt voor meditatie

Door te mediteren maak je dus indirect tijd vrij om te mediteren. Omdat voor ons allemaal geldt dat een groot deel van onze drukte ontstaat door onze eigen onrust. Onze eigen ontevredenheid, onze eigen 'issues'.

Best grappig natuurlijk, en ook fijn. Want het betekent dat het instellen van deze gewoonte iets anders werkt dan het aanleren van andere gewoontes zoals gezonder eten of vaker sporten. Want deze bezigheden kosten wel gewoon meer tijd, waardoor je er bewust ruimte voor moet inplannen en andere dingen moet laten. Meditatie zorgt ervoor dat je bepaalde dingen automatisch wilt laten, omdat je motivatie begint te veranderen.

Maar die dingen gebeuren natuurlijk niet na je eerste kwartier mediteren. Dus laten we eens kijken hoe je ook heel concreet tijd vrij kunt maken om meditatie in je leven in te passen.

Verschuif je tijd gewoon een beetje

Als je bent zoals veel mensen, dan is je ochtend de meest gehaaste periode in je dag. Je zet je wekker zo laat mogelijk, lapt jezelf op, duwt wat brandstof naar binnen en je gaat de deur uit. Wanneer je 's avonds thuiskomt ga je eten, en na het eten plof je op de bank om te ontspannen en kijk je naar een scherm.

Wat nou als je een klein stukje van deze schermtijd verhuist naar de volgende ochtend? De negatieve impact hiervan op je leven is waarschijnlijk niet zo heel groot, en de potentiële positieve impact is enorm.

Want stel dat je twintig minuten eerder naar bed gaat, en vervolgens je wekker twintig minuten eerder zet. Je wordt wakker zoals altijd, maar nu heb je iets meer tijd. En die extra tijd gebruik je om te mediteren. Je begint je dag lekker kalm en blij, en het kost je niet zoveel moeite om de gewoonte in je schema in te bouwen. Iets minder avond, iets meer ochtend.

Dit is hoe ik meditatie in de ochtend mogelijk heb gemaakt. Nu heb ik geen ontzettend strak ochtendschema. Maar op een gegeven moment wil ik wel aan het werk. Door iets eerder op te staan ontstond er ruimte om mijn dag te beginnen met meditatie. Best simpel.

Maak het net zo belangrijk als 'nuttige' bezigheden

Ik hoop dat ik je inmiddels heb mogen overtuigen van de langetermijnwaarde van meditatie. Omdat deze gewoonte zo strategisch is, is het geen raar idee om het gewoon in te plannen zoals je je andere 'nuttige' bezigheden inplant.

Als je tijd in je agenda vrijmaakt om te mediteren dan wordt de kans groter dat je het uitvoert. Als ik mijn week plan dan brei ik mijn plannen 'om de meditaties heen'. En ik weet natuurlijk ook wel dat het leven soms anders uitpakt en dat er mogelijk een sessie ingekort wordt of zelfs sneuvelt. En dat is prima. Het uitgangspunt staat er, en vanaf daar surf ik met het leven mee.

Als je begint met meditatie in je planning kun je de rest erop aanpassen, in plaats van andersom. Want een bezigheid als meditatie in een druk schema 'proppen' is in de praktijk waarschijnlijk een stuk minder succesvol. Het is niet mijn doel om druk te zijn. Als ik me druk en gehaast voel zie ik dat als een signaal dat er iets misgaat. Misschien kijk jij er anders naar. Maar het is voor mij reden om meditatie echt belangrijk te maken. Want als ik dat niet doe zullen er altijd dingen voor in de plaats komen die nu heel belangrijk lijken, maar op de lange termijn niet zoveel impact hebben.

Ruil een onwenselijke gewoonte in

Een tijdje geleden had ik het vrij druk. Er kwamen een aantal projecten – waaronder het schrijven van dit boek – tegelijkertijd tot een hoogtepunt. En ondertussen merkte ik ook dat ik iets te verslingerd was geraakt aan een computergame. Hierdoor verkoos ik gamen regelmatig boven mediteren of werken aan de andere projecten. En ik observeerde dat dit niet de kant op ging die ik voor ogen had.

Dus? Dus ik vroeg aan Billy om de controllers van de spelcomputer te verstoppen. Hij reageerde iets te enthousiast, pakte de controllers en verdween naar boven. En vanaf dat moment heb ik een paar weken niet gespeeld. De drang om te spelen verdween en ik maakte een bak tijd vrij om productiever te werken én mijn meditatiegewoonte vast te houden.

Soms kan het zo simpel zijn. Gooi de Instagram- en Facebookapps van je telefoon of stel een dagelijkse limiet in. Verwijder andere apps die je veel tijd kosten. Log overal uit bij Netflix. Blokkeer websites die je veel tijd kosten of laat – net als ik – je afleidingen verstoppen door iemand die je vertrouwt.

In *Steeds leuker* ga ik nog veel dieper in op de kracht van leven met minder afleidingen. Punt is: als je een onwenselijke gewoonte iets moeilijker maakt om uit te voeren dan wordt de kans groter dat je andere keuzes maakt. En die vrijgekomen tijd kun je gebruiken om aan jezelf te werken. Simpel.

Maak 'missen' geen optie

Spreek met jezelf af dat niet mediteren geen optie is. Als je geen tijd hebt om te mediteren dan mag je de gewoonte inkorten, maar je mag het niet missen.

Zit je de hele dag in vergaderingen en wordt het nachtwerk? Prima. Ga lekker op het toilet zitten en mediteer drie minuten. Heb je een baby die maar niet wil slapen, waardoor je nauwelijks tijd voor jezelf hebt? Geen probleem. Mediteer twee minuten als de kleine net slaapt en beoefen vooral zelfcompassie als je vervolgens een uur later ontwaakt uit een inhaalslaapje. Er is altijd wel een moment om te mediteren. Zoals ik eerder al schreef: consistentie eerst, lengte later. Dus doe het gewoon, ook al doe je het maar kort. Zo vergroot je de kans dat je de smaak te pakken krijgt en de motivatie ontwikkelt om bewust meer tijd in te ruimen voor de gewoonte.

Versimpel je leven

Als je interesse hebt in meditatie dan is de kans groot dat je zoekt naar meer rust. Wellicht heb je dan ook behoefte aan een simpeler leven met minder gehaast en meer ruimte voor de dingen die je echt belangrijk vindt.

Als een simpeler leven je aanspreekt, begin dan gewoon met het schrappen van de overbodigheden in je leven. Ook hier ga ik in *Steeds leuker* veel dieper op in. Maar de basis is simpel: bepaal welke dingen je blij maken en schrap de rest zo goed als je kunt. Dat geldt natuurlijk voor spullen, overbodige uitgaven en giftige relaties. Het geldt ook voor je tijdsbesteding.

Want als je nu elke week een paar uur investeert om te helpen op school of verplichtingen hebt die je niet gelukkig maken – durf dan te schrappen om meer ruimte te maken in je leven. Persoonlijk word ik niet heel blij van een bomvol leven, ook al ziet het er aan de buitenkant heel belangrijk en succesvol uit. Als je dit gevoel deelt, dan vind je in mijn andere boek en op de website een handleiding om je leven stap voor stap te versimpelen. Zodat je in het algemeen meer tijd krijgt voor alle dingen die je belangrijk vindt, waaronder meditatie.

Te weinig tijd is altijd relatief

Als je net als ik ziet dat de gewoonte van meditatie heel strategisch is, dan zul je altijd manieren vinden om er tijd voor te maken. Misschien lukt het je niet elke dag, en misschien val je soms een weekje terug. Maar zo is het leven. We zijn geen robots, we zijn mensen. En hoewel je soms misschien zou willen dat je zo perfect was als een robot, weet dan dat dit alle drama zou wegnemen en je leven onwijs saai zou maken. De worsteling is onderdeel van de pret.

Als je elke vaardigheid gewoon kunt *downloaden* in je brein dan kun je alles, maar groei je niet als mens. Tegen de wind in fietsen brengt misschien je haar in de war, het geeft je ook het gevoel dat je leeft. Een beetje weerstand is perfect, dus loop er niet van weg. Omarm het en gebruik het om jezelf te polijsten.

Goed verhaal. Totdat je kinderen krijgt. Ik weet het, en we gaan het er nu over hebben.

DUS?

- Dus door vaker te mediteren voel je je minder gehaast en meer tevreden. Hierdoor veroorzaak je minder drukte en minder werk. Zo maakt meditatie uiteindelijk tijd voor zichzelf.
- De dagelijkse zaken zullen altijd urgent blijven voelen, dus maak bewust tijd in je dag om te mediteren. Want als je het aan het toeval overlaat is de kans groot dat het niet gebeurt.
- Sta iets eerder op of schrap een onwenselijke gewoonte om tijd te maken voor meditatie. En als je het echt druk hebt, prop er dan gewoon een korte meditatie tussen.

In je eigen windmachine

Ben je op zoek naar meer tips om wenselijke gewoontes (zoals meditatie) aan te leren en onwenselijke gewoontes af te leren? In je eigen windmachine vind je meer tips en inspiratie.

sochicken.nl/windmachine

15
MAAR IK HEB KINDEREN

Als een grot in de Himalaya de perfecte plek is om te mediteren, lijkt een huis gevuld met kinderen precies het tegenovergestelde. Maar is dat wel echt zo?

In de eerste plaats is een grot bijzonder oncomfortabel. In je huis met kinderen heb je op z'n minst een paar ramen en een cv-ketel. Dus dat maakt het voor veel mensen toch net iets prettiger. Bovendien zijn kinderen ook gezellig en leerzaam. Want je kinderen leven waarschijnlijk minder in hun hoofd dan jij, en doen nog niet aan dingen als piekeren. Die gewoonte zullen ze later pas overnemen van volwassenen. Maar misschien ook niet!

En dat is meteen een van de beste redenen om te mediteren, *juist* als je kleine kinderen hebt rondlopen. Je kinderen kijken naar jou. Jij bent als ouder hun belangrijkste rolmodel. En wanneer je kinderen zien hoe jij elke dag tijd neemt om stil te zijn, zullen ze dit gaan beschouwen als een normaal onderdeel van het leven. Precies zoals het ook zou moeten zijn. Want je kinderen zien je wel sporten en groente eten om je lichaam gezond te houden. Misschien is het goed als ze ook zien dat je dingen doet om jezelf mentaal gezonder te maken.

Stel je eens voor wat het voor jou als kind had betekend als je ouder of verzorger steevast elke dag een moment de tijd nam om stil te zijn. De kans is groot dat je als kind hetzelfde had willen doen. Dat je ernaast zou gaan zitten om het ook te proberen. Kinderen zijn immers constant op zoek naar waardering. En je ouders spiegelen is een prima manier om waardering te ontvangen. Stel je eens voor wat het voor je zou betekenen als je al van kinds af aan gewend was om een vorm van meditatie te beoefenen. Dat je – wanneer je worstelde met lastige emoties – wist dat je kon terugkeren naar een innerlijk nulpunt, zodat je sterker en vol zelfvertrouwen de situatie tegemoet kon treden.

Het zou een enorm verschil maken. En het kan een enorm verschil maken voor jouw kinderen. Jouw pad richting kalmte, acceptatie, liefde en compassie vormt mogelijk een fantastisch voorbeeld voor je kinderen. En natuurlijk is het zo dat niet ieder kind interesse heeft in mindfulness of meditatie. En dat is natuurlijk gewoon zoals het is. Mindfulness laat zich niet forceren. Het idee is dat je gewoon doet wat je wilt doen, en dat je kinderen zien wat jij doet. Als ze mee willen doen, prima. Als ze niet mee willen doen, prima.

Maar zo kan ik me toch niet concentreren?

Het is waar dat stilte vinden in een jong gezin uitdagender is. En het zou goed kunnen dat het je soms niet lukt om de meditatieroutine te ontwikkelen die je voor ogen hebt. Want hoe graag je ook wilt groeien en al die mooie dingen wilt ontwikkelen – je kinderen gaan voor. En als je dochter steeds de deur openzwiept terwijl je net lekker in je meditatie zakt, dan voelt het natuurlijk niet erg effectief.

Buiten alle tips rondom het plannen van je meditaties, kun je nog meer doen om toch vooruitgang te blijven boeken. Want zelfs in een druk gezin zijn er natuurlijk wel rustige momenten waarop je zou kunnen mediteren. Maar het is vooral de vraag of je dan nog wel de fut hebt om te gaan zitten. Ik weet dat ik niet kan mediteren als ik moe ben, omdat ik dan gewoon in slaap dommel. Dat zal voor jou in zo'n situatie niet anders zijn. Dus soms zul je het gewoon anders moeten aanpakken.

Laten we eens kijken wat je kunt doen.

Geduld is een schone zaak

Zoals we in hoofdstuk 6 al hebben besproken: alles is tijdelijk. Ook deze fase in je gezinsleven. Dus hoewel het nu misschien lastig is om de momenten te vinden om te mediteren, wil dat niet zeggen dat het zo blijft. Nu lopen je kinderen steeds de kamer binnen als je gaat zitten. Over een jaar gaan ze misschien rustig spelen en zijn ze eraan gewend dat je een kwartiertje in een andere kamer zit. Nu heb je misschien slapeloze nachten waardoor je steevast in slaap sukkelt tijdens je meditatie. Over een jaar kun je gewoon doorslapen, waardoor er nieuwe mogelijkheden ontstaan.

Het punt is: dat het nu lastig is, wil niet zeggen dat het lastig blijft. Als je geduldig bent worden de omstandigheden vanzelf beter voor je meditaties. Tot die tijd kun je je best doen om je meditatie gewoon anders te benaderen en vooral te genieten van de fase waarin je je nu bevindt.

Benader het anders

Zelfs als je de tijd en energie niet kunt vinden om een paar minuten te gaan zitten, hoef je niet stil te blijven staan. Misschien kom je niet toe aan conventionele meditatie, maar dat wil niet zeggen dat je geen ruimte hebt voor mindfulnessoefeningen.

Sterker nog, in de tijden dat je echt druk bent met een baby en alle praktische zaken die erbij komen kijken, krijg je meerdere keren per dag de gelegenheid om je mindfulness te trainen. Bijvoorbeeld wanneer je aan het voeden bent of een luier verschoont. Laat je je meeslepen met je gedachten, of gebruik je dit moment als een kleine meditatie?

Mindfulness kun je overal beoefenen. Als je vaak mediteert ontstaat mindfulness steeds vaker automatisch. Want zoals ik eerder al schreef: *mindfulness is wat overblijft als je je gedachten niet meer zo serieus neemt.*

Meditatie helpt je de gedachten te zien voor wat ze zijn, waardoor mindfulness automatisch een steeds groter onderdeel van je ervaring wordt. Dat is fijn en wat mij betreft de route met de meeste voordelen. Maar dat wil niet zeggen dat je mindfulness niet direct kunt benaderen. Sterker nog, er zijn honderden mindfulnesscursussen en -boeken ontwikkeld met precies dat doel. Verplaats je aandacht heel bewust vanuit je hoofd naar je zintuigen, en observeer wat er te ervaren valt. Dat is alles.

Voel hoe je billen rusten op de bank. Voel het gewicht van je baby in je armen. Ruik die unieke babygeur en voel de warme fles in je handen. Hoor het gepruttel en de zachte geluiden die je kind maakt. Ervaar je rustige ademhaling, hoor de vogels fluiten buiten.

Zelfs in het meest hectische gezinsleven zijn er talloze momenten waarop je kunt trainen. Terwijl je eten bereidt, terwijl je toekijkt hoe je kinderen spelen, terwijl je wacht op het schoolplein, terwijl je met je kind speelt of een boek voorleest. Al deze kleine momenten zitten vol met kansen om je gedachten los te laten en in het moment te zakken. Zodat je intenser kunt genieten en meer rust kunt ervaren.

Hoe beter je hierin wordt, des te meer je leven (of gedeelten ervan) kunnen voelen als een doorlopende meditatie. En wanneer de ruimte dan weer ontstaat, kun je gaandeweg weer gaan mediteren zoals we dat hier bespreken. Zitten in stilte en direct je concentratie trainen.

Je kunt je kinderen erin betrekken

Als je kinderen oud genoeg zijn (vanaf een jaar of 5) kun je samen met ze mediteren. Het gaat voorbij de scope van dit boek maar op de website deel ik een aantal tips en boeken die je hierbij kunnen helpen. Er bestaan allerlei oefeningen en verhalen die je kunt gebruiken om samen met je kind mindfulness te beoefenen en te mediteren.

Het is onwijs waardevol om je kind handvatten te geven om goed met emoties om te gaan, stress te reguleren en de vaardigheid van concentratie en acceptatie te ontwikkelen. Zo kun je samen met je kind oefeningen doen om meer kalmte en blijdschap te ervaren. Fijn voor jullie band, voor je gezinsleven en fijn voor jullie eigen ontwikkeling.

En dat brengt ons dan bij het laatste bezwaar dat we allemaal herkennen. Want allemaal leuk en aardig, maar zelfs als we tijd hebben gemaakt doen we vaak nog steeds liever andere dingen – zoals Netflix kijken. Hoe pak je dat aan?

DUS?

- Dus zelfs in een druk gezinsleven kun je momenten vinden om te mediteren.
- Door tijd te maken voor meditatie en mindfulness geef je een nieuw voorbeeld aan je kinderen, waardoor zij de gewoontes mogelijk meenemen in hun leven.
- Gebruik de zorg voor je kinderen als mindfulnessoefening, en merk hoe je door de dag heen je innerlijke rust kunt ontwikkelen.
- Als je kinderen oud genoeg zijn kun je ze betrekken in je mindfulnessoefeningen, een aanpak die je kinderen heel veel voordelen kan bieden in het leven.

In je eigen windmachine

Benieuwd naar manieren om je jonge kinderen te betrekken in je mindfulnessoefeningen? Log in op je eigen windmachine voor tips.

sochicken.nl/windmachine

16
MAAR IK KIJK LIEVER NETFLIX ENZO

Het kostte me een halfuur van mijn leven, maar toen had ik ook wat. Na lang kalmeren, lief toespreken en zacht aaien stond het paard me eindelijk toe dat ik op haar rug klom. En ik ben hier normaal niet heel goed in, maar het lukte me zowaar om te blijven zitten. Ik reed een beetje rond door het ruige landschap maar ik raakte al snel verveeld. Paardrijden is verrassend saai.

Ik stapte van het paard, gaf haar nog wat te eten en begon een stukje te lopen. Ik genoot van het heerlijke weer en het prachtige uitzicht. Terwijl het paard een beetje begon te grazen, vestigde ik mijn aandacht op een dikke rookpluim aan de horizon. Nieuwsgierig liep ik door het hoge gras. Eenmaal dichterbij gekomen realiseerde ik me dat de rookpluim werd veroorzaakt door een kampvuur. Ik baande me een weg door de struiken om een beter uitzicht te krijgen. Naast het kampvuur zag ik twee mannen. Ze zaten bij het vuur en waren druk aan praten. Toen ze me opmerkten keken ze op. En ze keken niet vriendelijk. Ze vroegen wat ik kwam doen. De spanning liep op, en ik sprak wat sussende woorden. Er werd me gevraagd om te vertrekken, waarna ik zoiets had van: *Luister, je hebt het tegen de verkeerde. Dit is een vrij land, etc.* Ik bleef gewoon staan, want zo dapper ben ik.

Maar zoals het met dit soort dingen gaat – ik maak meestal de verkeerde keuze. De spanning steeg. Een van de mannen stond op en bedreigde me. Ik bleef staan. Ergens geloofde ik dat een paar vriendelijke woorden van mijn kant de boel wel weer recht zouden trekken. Maar ik had het mis. In een oogwenk bewoog de man een hand naar zijn heup en haalde een vuurwapen tevoorschijn.

En precies op dat moment begon mijn horloge keihard te trillen.

Aan de ene kant ben ik natuurlijk helemaal van simpel leven, minimalisme en dat soort mooie dingen. Maar aan de andere kant ben ik ook gewoon een nerd. En deze nerd krijgt zijn meditatieherinneringen op zijn smartwatch. En dat ding begon behoorlijk te trillen en geluid te maken, maar ik zat tegelijkertijd toch een beetje midden in een levensbedreigende situatie. Ik keek op mijn horloge: tijd om te mediteren. Ja – prima. Ik drukte op 'negeren', keek omhoog en was nog net op tijd om te zien hoe het helemaal misging. Er klonk een knal. Ik viel tegen de grond. En toen werd het zwart voor mijn ogen en verschenen er grote rode letters op het scherm.

Dood. Alweer. Wanneer leer ik het nou eens, ik kan niemand vertrouwen in dit spel.

De PlayStation ronkte wat, en ik werd weer tot leven gewekt. Mijn paard hield nog steeds van me, dus alles was goed. Ik vermaakte me prima met *Red Dead Redemption 2*, maar ik had net wel mijn meditatieherinnering weggeklikt. En ik wist dondersgoed hoe dit zou aflopen: *Ik ga het komende uur dit spel spelen en niet mediteren. Want dit is leuk en mediteren is saai.*

Wat als je liever andere dingen doet?

Je weet zelf ook wel dat je beter broccoli kunt eten dan een vierkazenpizza als je beter in je vel wilt komen. En dat een stuk wandelen je uiteindelijk blijer maakt dan een avond op de bank hangen, kijkend naar een eindeloze streng van troosteloze tv-programma's en series. Maar dat wil niet zeggen dat je het ook gaat doen. Want je bent moe, je voelt je gespannen en je wilt gewoon even iets makkelijks doen.

Niet sporten, geen broccoli eten en al helemaal niet mediteren. En gelijk heb je. Weet je, we stellen al hele hoge eisen aan onszelf. En al die plannen, voornemens en verwachtingen zijn onmogelijk waar te maken. Maar toch verwachten we van onszelf dat we het wel allemaal gaan doen. En als we het dan niet doen, dan voelen we ons slecht over onszelf. Dan komen de negatieve gedachten op gang en schoppen we onszelf onderuit. Want je was van plan om te mediteren, en nu zit je alweer een uur naar die serie te kijken. En nu ben je toch te moe, dus heeft het geen zin meer.

Weer gefaald.

Herkenbaar – maar met zulke gedachten komen we niet vooruit. Ik stel voor dat we stoppen met de spreekwoordelijke stokslagen, en (zoals eerder besproken) beginnen met onszelf accepteren zoals we zijn.

Want ja – al die externe prikkels zijn interessant en afleidend. Je brein zal zich altijd aangetrokken voelen tot het drama op het scherm en proberen weg te rennen voor de stilte. Een beetje zoals je tong altijd op zoek is naar smaaksensaties, en liever wegloopt van de 'saaiere' smaken van gezonde voeding. Maar weet je wat? Niets is permanent. Je kunt een kind niet dwingen om broccoli lekker te vinden. Maar je kunt het kind wel rustig laten wennen aan de smaak, waardoor ze het steeds minder vies gaat vinden. En op een bepaald moment begint de afkeer om te slaan in waardering. En ooit, als het kind volwassen is, gooit ze ineens zelf broccoli in haar boodschappenmandje.

Alles went. En net zoals je een kind beter niet kunt forceren om bepaalde dingen te eten, heeft het weinig zin om jezelf te forceren om te mediteren. Als je brein reageert op meditatie zoals een kind van vier reageert op broccoli, dan weet je wat je te doen staat. Laat je brein langzaam – met geduld en liefde – kennismaken met de nieuwe smaken. Zodat op een dag de afkeer omslaat naar waardering.

Hoe je je brein laat wennen aan meditatie

Je hebt de intentie om te mediteren. Maar als het erop aankomt ervaar je tegenwind. Dan lijken andere dingen altijd interessanter en kun je jezelf er niet toe zetten. Wat kun je doen om tóch vooruit te komen?

Het begint bij zelfcompassie. Met begrip voor de situatie. Je smartphone ís nu eenmaal een stuk prikkelender dan een mantra of je ademhaling observeren. Zoals je een zak snoep een stuk intenser beleeft dan een stuk fruit. Maar het is allemaal een kwestie van perceptie. Naarmate je meer smaak ontwikkelt voor gezonde voeding, begin je automatisch weg te bewegen van de zak snoep en richting het stuk fruit. En naarmate je meer innerlijke stilte ontwikkelt, begin je de prikkels van je smartphone steeds meer als 'storend' te ervaren. En wil je uit jezelf minder tijd doorbrengen met dit soort afleidingen, en meer tijd doorbrengen in meditatie.

Zoals ik eerder al schreef: de drang om te mediteren ontstaat door te mediteren. Het is een opwaartse spiraal. Het enige wat je dus hoeft te doen is mediteren. De rest gaat vanzelf.

En als mediteren het enige is wat je hoeft te doen, maar je merkt dat je jezelf niet zover krijgt, wat is dan de enige manier om deze situatie te doorbreken?

Precies: *nog kleinere stappen zetten.*

Stel je voor dat je dochter broccoli smerig vindt. Ze wil er niets van weten, en begint hysterisch te krijsen zodra ze ergens een stuk broccoli aantreft. En stel dat jij hebt besloten dat je je dochter tóch wilt aanleren om broccoli te eten. Wat kun je doen? Stel dat je elke week pasta maakt. En je maakt je eigen pastasaus van gepureerde groente. Als je te veel broccoli toevoegt is het huis te klein. Dus wat doe je? Je legt een zak broccoliroosjes in de vriezer, en je voegt één broccoliroosje toe aan de maaltijd. Omdat je de maaltijd pureert ziet je dochter er niets van. De week daarna doe je er twee roosjes in. En na een paar weken bestaat een derde van de saus uit broccoli, en je dochter smult ervan. Gaandeweg is je dochter gewend geraakt aan de smaak van broccoli, zonder dat je haar hebt geforceerd.

Nou – of dit opvoedkundig gezien de optimale manier is, dat laat ik aan jou over. Maar dat het werkt is duidelijk. Als de verandering maar klein genoeg is en wordt uitgesmeerd over een langere periode, dan merken we het haast niet op. En als we de druk en verwachtingen achterwege laten lijkt de weerstand weg te smelten als sneeuw voor de zon.

Dus als je merkt dat je jezelf écht niet aan het mediteren krijgt, voed je brein dan met meditatie zoals je een kind ongemerkt aan de smaak van broccoli laat wennen. Verander in kleine – haast niet op te merken – stapjes. Laat je brein rustig wennen aan de nieuwe situatie, en merk hoe je moeiteloos verandert.

Maar hoe klein moet ik die stappen dan maken?

De kortste meditatie duurt zo'n tien seconden. Dat is de tijd die je nodig hebt om bewust en rustig diep in te ademen, en rustig uit te ademen. Als je moet, begin dan daar. Bij één keer bewust in- en uitademen:

- Ga rechtop zitten.
- Sluit je ogen.
- Adem rustig in, tel tot 3.
- Houd je adem 2 seconden vast.
- Adem rustig uit in 5 seconden.
- Ontspan je lichaam terwijl je uitademt.
- Open je ogen, ga verder met je dag.

Weet je wat? Laten we het nu doen. Stop even met lezen en laten we dit samen doen. Tien seconden, dat kun je wel. Sluit nu je ogen en adem rustig in.

Wat je merkt wanneer je deze (bijzonder korte) oefening uitvoert is dat je je direct een stukje kalmer voelt. Misschien voelt het zo fijn dat je het graag nog een keer doet. Dan adem je gewoon weer rustig in, en probeer je bij het uitademen nog verder te ontspannen en nog dieper in je zitoppervlak te zakken. Blijf dit doen zolang je wilt. In en uit, in en uit, en met elke uitademing probeer je je ontspanning te vergroten.

Best fijn.

Dit is je startpunt. Tien seconden mediteren. Er zijn maar heel weinig redenen te bedenken om dit uit te stellen. Het enige wat je nu wilt doen is deze kleine meditatie in je leven verweven, zodat je het niet vergeet te doen.

Gewoontes opstapelen

Onze dagen zijn opgebouwd uit tientallen kleine gewoontes. Als ik wakker word schud ik het bed op, trek ik de gordijnen open, grijp ik een paar sokken en stommel ik naar beneden om me aan te kleden in de badkamer. En zo verloopt de hele ochtend grotendeels automatisch. Er wordt koffie gezet, ontbijt gemaakt, de muziek gaat aan en ik zit altijd op dezelfde plek op de bank.

Onze routines vormen een geweldig startpunt, omdat het vrij eenvoudig is om een kleine gewoonte aan een bestaande gewoonte te hangen. Als ik een korte meditatie in mijn ochtend zou willen hangen, dan zou dit een optie zijn: *Nadat ik de koffiemachine inschakel mediteer ik totdat de koffie klaar is.* Elke dag is de 'aan'-knop op de koffiemachine mijn *trigger* om te beginnen met mijn korte meditatie. En na een paar weken wordt dit gedrag zo automatisch dat ik er niet meer over na hoef te denken.

Omdat ik tegenwoordig langer mediteer, heb ik mijn meditatie aan het einde van mijn ochtendroutine gehangen. Dus zodra ik klaar ben met ontbijten ga ik naar boven. Ik hoef daar niet meer over na te denken omdat de gedachte automatisch naar boven komt. Het is een gewoonte die is gekoppeld aan het afronden van mijn andere gewoonte (ontbijten).

Maar als je begint bij de kortste meditaties dan kun je de gewoonte overal tussen plakken. Een paar voorbeelden:

- *Voordat ik 's avonds mijn serie kijk mediteer ik drie minuten op de bank.*
- *Nadat ik mijn tanden heb gepoetst mediteer ik vijf minuten op bed.*
- *In de ochtend check ik mijn smartphone pas nadat ik minimaal drie minuten heb gemediteerd.*
- *Als ik thuiskom van mijn werk trek ik mijn schoenen uit en mediteer ik eerst vijf minuten op de bank.*
- *Als de wekker gaat ga ik rechtop zitten en mediteer ik drie minuten voordat ik uit bed kom.*

Het is slim om je gewoonte op een plek in te voegen waar je eventueel de ruimte hebt om te groeien. Je begint bijvoorbeeld met drie minuten, dat past overal tussen. Maar stel dat je doorgroeit naar 15-20 minuten, zou dat ook passen op die plek? Mijn koffievoorbeeld is dan dus minder sterk, omdat ik dan na een langere meditatie koude koffie heb of onnodig veel stroom verbruik. Past het niet? Zoek dan een plek in je routine waar je de ruimte hebt om te groeien.

Want hoe leuk die korte meditaties ook zijn (en ze zijn heel leuk) – uiteindelijk is het natuurlijk ons doel om de boel zo ver op te rekken dat je ook echt verschil merkt. Want één broccoliroosje in je pasta is prima. Maar pas als je meer broccoli eet begint dat groene plantje echt voor je te werken.

Rustig uitbreiden zonder tegenwind

Als je nooit hardloopt begin je niet met een route van 10 kilometer. Want zelfs als je het voor elkaar krijgt ben je waarschijnlijk een paar weken uit de running. Iedereen kent mensen die wekenlang naar een specifiek doel werken, zoals 5 kilometer hardlopen zonder te stoppen.

Tijd is je grootste vriend als het aankomt op het aanleren van nieuwe gewoontes. Hoe meer tijd je ervoor uittrekt, des te makkelijker het wordt om een gewoonte aan te leren. In de eerste week mediteer je bijvoorbeeld drie minuten per dag, in de tweede week breid je het uit naar vijf minuten. En na een jaar pak je moeiteloos 15-20 minuten per dag.

Dwing je jezelf om direct groot te beginnen, omdat je denkt dat je dat wel kunt, dan is de kans groot dat je het nog geen week volhoudt. De eerste week mediteer je trouw twee keer per dag 20 minuten. Maar in de tweede week mediteer je een paar dagen niet. En in de derde week was je alweer vergeten wat je plannen waren. Het is allemaal lekker eclectisch, maar erg effectief is het niet.

Daarom wil je klein beginnen en heel rustig opbouwen – zeker als je steeds weerstand ervaart. Zoals je elke week een extra broccoliroosje in de pastasaus verwerkt, zo wil je op een wekelijkse basis je gewoonte uitbreiden. En alleen als het goed voelt.

Stel dat je de gewoonte instelt om 's ochtends eerder op te staan en direct te mediteren nadat je hebt geplast en wat water hebt gedronken. Je begint met één minuut mediteren, en je zet dus ook je wekker één minuut eerder. Na een week merk je dat dit heel moeiteloos voelt. Sterker nog, je wordt een beetje overmoedig. Je besluit om het maar meteen 'goed' aan te pakken en je wekker 20 minuten eerder te zetten.

Je wordt wakker en het eerste wat je opvalt is de gedachte *Wat?! Nu al? Het is vroeg, ik wil slapen!* Prima. Je sleept jezelf toch uit bed en je gaat mediteren. Maar tijdens je meditatie voel je je moe, en het voelt toch wel lang, die 20 minuten. Je doezelt een beetje weg, schrikt af en toe wakker. En als je timer gaat voel je je ontevreden over je meditatie. Je voelt je moe. En gedurende de dag voel je je minder energiek.

Maar je zet stug door. En de volgende dag herhaal je deze routine. En nog voordat de week voorbij is gebeurt het onvermijdelijke: je wekker gaat, je voelt je uitgeput en slaat hem uit. Je hebt al vier dagen gemediteerd en je bent nog steeds niet verlicht, en slapen voelt sowieso fijner. Je komt op je gebruikelijke tijd je bed uit, hebt geen tijd meer om te mediteren. En je wilt er niet aan denken, omdat je het gevoel hebt dat je faalt. Dus je doet wat je altijd doet en mediteert de komende maanden niet, totdat je dit verhaal weer besluit te herhalen.

Het is een beetje zoals het volgen van een crashdieet. Veel drama, weinig resultaat. En zoals we hebben gezien: niets mis met drama. Maar drama is vooral amusant als je het kunt zien voor wat het is. Die horrorfilm is leuk als je in de bioscoop zit, toch iets minder leuk als je gelooft dat je er zelf middenin zit.

Wat je wilt doen is je overmoedigheid temperen. En zo je enthousiasme cultiveren en uitsmeren over de komende maanden. Deze week zet je je wekker één minuut eerder. Dat voelt moeiteloos en dat is de bedoeling! Als je het gevoel krijgt dat het veel moeite gaat kosten is het tijd om terug te schalen. Ben je op tien minuten, en merk je dat je ertegen opziet en liever doorslaapt? Ga dan terug naar zeven of vijf minuten. Net zolang totdat tien minuten mediteren (en eerder opstaan) moeiteloos, leuk en natuurlijk voelt.

Belachelijk kleine stappen zijn je grootste vriend. Ze helpen je om elke verandering door te voeren die je maar wilt. En ze helpen je ook om zonder al te veel moeite een levenslange meditatiegewoonte aan te leren, waar je vervolgens elke dag van profiteert op alle gebieden in je leven. Ik noem deze aanpak de Broednestmethode. In *Steeds leuker* omschrijf ik het in nog veel meer detail. Deze aanpak helpt je echt om je droomleven moeiteloos te vorm te geven. Best leuk.

Iets doen is belangrijker dan niets doen

Ik wil dit punt nogmaals benadrukken voordat we afsluiten, omdat dit je zal helpen de gewoonte zonder moeite in te stellen. *Mediteren* is belangrijker dan *lang mediteren*. Als twee keer 20 minuten je niet lukt, doe dan één keer 20 minuten. Als dat niet lukt, ga dan voor 15 of 10 minuten. En als je een drukke dag hebt en je dreigt je meditatie te missen, ga dan zitten voor 1-5 minuten op het moment dat je normaal langer zou mediteren.

Door het te doen leer je de gewoonte aan. En wanneer je de gewoonte gevestigd hebt, wordt het zoveel makkelijker om de tijd uit te bouwen. Denk er maar eens over na: als je eenmaal zit te mediteren – terwijl je steeds sneller wegglijdt in innerlijke rust – dan *wil* je juist langer blijven zitten. Op zo'n moment voelt het makkelijker om langer te mediteren dan op te staan en series te kijken. Dan kom je op het punt waar je meditatie prefereert boven Netflix.

Dus verlies je niet in de lengte. Het is geen wedstrijd. Jij bent de enige persoon waar je mee te maken hebt. En het is belangrijk dat je lief voor jezelf bent. Dat je meditatie niet door je eigen strot duwt, net zoals je je dochter geen broccoli door haar strot duwt.

Met zelfliefde, aandacht en geduld kun je meditatie met weinig moeite onderdeel van je leven maken. En het is mooi, want door te mediteren cultiveer je juist die eigenschappen. Het is een opwaartse spiraal.

DUS?

- Dus wees niet boos op jezelf als het soms niet lukt om te mediteren. Zeker in het begin zijn andere dingen interessanter dan stil zijn.
- Plak je meditatiegewoonte aan andere gewoontes in je ochtend- en/of avondroutine. Zo kun je het makkelijk integreren in je dag.
- Door onwijs kleine stappen te zetten kun je je brein moeiteloos laten wennen aan de meditatiegewoonte.

In je eigen windmachine

In de gratis *soChicken*-app vind je honderden artikelen met gratis inspiratie plus praktische cursussen om beter te worden in het aanleren van goede gewoontes. Log in op je eigen windmachine om de app te downloaden.

sochicken.nl/windmachine

SNORKELEN MET MATGLAS

Als je stopt met het geloven van je gedachten, lost het drama op als suiker in hete thee. Wat overblijft is je natuurlijke basis van innerlijke rust en mindfulness. Plus een hernieuwde waardering voor je leven zoals het is. Inclusief de wenselijke en minder wenselijke gebeurtenissen.

Je ziet steeds sterker dat *het is wat het is*, en niet anders.

- *Dit is allemaal wel een beetje makkelijk, hoor.*
- *Dit werkt voor hem, maar niet voor mij.*
- *Als het zo makkelijk is, waarom zijn zoveel mensen dan niet gelukkig?*
- *Mediteren is zweverig.*
- *Ja maar, dit verandert niet wat er in het verleden is gebeurd.*
- *Dit voelt een beetje als het goedpraten van slecht gedrag.*
- *Leuk boek, hoor, maar ik weet nu al dat ik dit niet ga doen.*

Herken je deze bezwaren? Kijk eens goed naar wat al deze bezwaren met elkaar gemeen hebben. Zie je het ook?

Het zijn allemaal gedachten. Stuk voor stuk scheten in je hoofd.

En zo gaat het door en door en door. En het enige wat je hoeft te doen is ze erkennen. *Gedachte, ook een gedachte, nog een gedachte.* Je hoeft ze niet te geloven, je hoeft er niet dieper op in te gaan, je hoeft ze niet te aanvaarden als overtuigingen.

Het mag allemaal. Je mag doen wat je wilt. Maar het zijn keuzes. En nu je net als ik ziet dat het keuzes zijn kun je nieuwe keuzes maken. Dat gaat niet vanzelf en het is niet altijd eenvoudig. Maar met elke overtuiging die je doorziet word je iets vrijer. Met elke belemmering die je overboord gooit wordt je leven luchtiger. En met elke negatieve gedachte die je niet gelooft ervaar je minder drama.

Steeds als je gaat zitten om te mediteren maak je de bewuste keuze om je leven beter te maken. Om het drama in je leven te verminderen en de rust in je hoofd te vergroten. Meer hoef je niet te doen. Zitten, focussen en verdergaan met je leven. De rest gaat vanzelf.

Zitten, leven, zitten, leven. Hoe vaker je zit, des te moeitelozer het leven wordt. En des te makkelijker ook het zitten wordt. Het klinkt te mooi om waar te zijn. Maar je zult zelf zien dat het waar is. En niet alleen dat – als je je gedachten gaat zien voor wat ze zijn, begin je te beseffen dat het hele leven te mooi is om waar te zijn – maar toch waar is. Dan begin je te zien dat het leven in de basis wonderlijk en prachtig is. En besef je dat het al die gedachten, oordelen, overtuigingen en belemmeringen in je hoofd waren die ervoor zorgden dat je de schoonheid niet zag. Alsof je al die tijd aan het snorkelen was boven het meest adembenemende koraalrif, maar je duikbril matglas bleek te hebben.

Iedere keer als je gaat zitten, kras je een stukje van het glas open. En als je dit dagelijks blijft doen, zul je na een tijdje steeds beter beseffen waar je je eigenlijk bevindt. In een uniek leven dat zich ontvouwt in dit ongekend grote universum op een blauwe bol, omringd door zoveel anderen. Dan begin je te zien dat er niets vanzelfsprekend aan is. En dat waardering en dankbaarheid de meest logische reacties zijn op *dat wat is*. Dat – en je zult vaker schaamteloos dansen op foute muziek. Althans, dat is wat mij overkwam. Het is wat het is.

Ik hoop van harte dat ik je met dit boek heb mogen inspireren om anders om te gaan met gedachten. Dat je ziet dat je kunt kiezen en dat er manieren zijn om drama te doseren en eindelijk rust in je hoofd te ervaren. En ik hoop dat je je leven de komende maanden meer en meer zult ervaren zoals die iets te blije vrouw in de polder haar reis ervoer: *met een stevige wind in de rug*.

Het boek is nu klaar, maar onze reis samen is pas net begonnen. Zoals altijd heb ik op de website en in de app nog veel meer inspiratie voor je klaarstaan. Van gratis artikelen tot praktische cursussen. Wip eens langs en schrijf je in voor mijn wekelijkse nieuwsbrief, je bent altijd welkom.

sochicken.nl

Neem ook eens een kijkje in mijn andere boek, *Steeds leuker*. De twee boeken versterken elkaar op een heel praktische manier. Samen helpen ze je hele leven in een opwaartse spiraal te brengen – heel fijn.

En mochten we elkaar ooit treffen in het wild, vergeet dan niet om je *free hug* te incasseren! Heel veel liefs, en ik zie je op de website.

Jelle Hermus' eerste boek STEEDS LEUKER werd uitgeroepen tot Beste Spirituele Boek 2018.

In dit praktische boek draait het om **de voordelen zonder de nadelen** – je leven steeds leuker maken, met steeds minder moeite. Want eindeloos ploeteren is prima, maar op de bank zitten met een goed boek, een kop thee en een glimlach op je snoet is ook fijn.

In *Steeds leuker* presenteert Jelle Hermus de korte route naar een leuker leven. Hij laat zien hoe je – door het zetten van de juiste kleine stappen – je leven snel in een opwaartse spiraal kunt brengen. Met een liefdevolle aanpak en de nodige humor. Want alles wordt makkelijker als we het leven niet zo serieus nemen.

Steeds leuker is je handboek naar een leven vol vrijheid, blijheid en betekenis. Zonder de ballast en de gekkigheid.

Steeds leuker en *Leven met wind mee* zijn goed los van elkaar te lezen, en je hoeft het ene boek niet gelezen te hebben voordat je aan het andere begint. Maar natuurlijk is het leuk om beide boeken te lezen!